LOSANG TSUGTOR

La misión de las llamas gemelas

EDICIONES OBELISCO

Si este libro le ha interesado y desea que le mantengamos informado
de nuestras publicaciones, escríbanos indicándonos qué temas son de su interés
(Astrología, Autoayuda, Ciencias Ocultas, Artes Marciales, Naturismo, Espiritualidad,
Tradición…) y gustosamente le complaceremos.

Puede consultar nuestro catálogo en www.edicionesobelisco.com

Colección Espiritualidad y vida interior
LA MISIÓN DE LAS LLAMAS GEMELAS
Losang Tsugtor

1.ª edición: abril de 2025

Maquetación: *Marga Benavides*
Corrección: *Sara Moreno*
Diseño de cubierta: *Alba Bolada*
© 2025, Losang Tsugtor
(Reservados todos los derechos)
© 2025, Ediciones Obelisco, S. L.
(Reservados los derechos para la presente edición)

Edita: Ediciones Obelisco, S. L.
Collita, 23-25 Pol. Ind. Molí de la Bastida
08191 Rubí - Barcelona - España
Tel. 93 309 85 25
E-mail: info@edicionesobelisco.com

ISBN: 978-84-1172-268-1
DL B 4196-2025

Impreso en España en los talleres gráficos de Romanyà/Valls, S. A.
Verdaguer, 1 - 08786 Capellades (Barcelona)

Printed in Spain

«El amor es la más universal, la más formidable
y la más misteriosa de las energías cósmicas».

PIERRE TEILHARD DE CHARDIN

Al principio, empecé a escribir para asimilar lo que estaba viviendo, porque me superaba totalmente. Al investigar en diferentes culturas, descubrí que todas las llamas gemelas pasan por un proceso muy parecido y que tienen una misión sagrada.

Aquí cuento mi experiencia, pero también todas las etapas y obstáculos que las llamas gemelas enfrentan y cómo pueden superarlos.

Sin la ayuda de la terapeuta y de mi amigo lama, no habría entendido nada de lo que estaba ocurriendo ni tampoco lo habría creído si me lo hubieran contado de otra persona.

Descubrir la misión que teníamos hizo que todo encajara y dio sentido a mi vida. Sin duda, es lo más mágico y formidable que he vivido.

Todas las llamas gemelas tienen la misma misión. Si logran cumplirla, pueden cambiar nuestro mundo.

El despertar

«Losang, ella es tu llama gemela», me dijo la terapeuta.

¿Mi alma gemela?

«Llama gemela. Todos tenemos varias almas gemelas, pero sólo una llama gemela. Si la encontramos en esta vida es porque debemos cumplir una misión».

Nunca había oído hablar de las llamas gemelas hasta ese momento. Desde entonces mi vida ha cambiado. Ya nada será igual. Ahora todo tiene sentido.

A menudo, el despertar de las llamas gemelas ocurre paradójicamente mientras duermen, durante algunos sueños.

En mi caso, todo empezó cuando soñé con la pelirroja.

La pelirroja

···· 1 ····

Hace poco soñé que estaba tumbado en la cama con una pelirroja. Su cabello se posaba en mi pecho dulcemente y me miraba, con unos ojos del color del mar, con tanta complicidad y tanto amor que, cuando desperté, tuve la certeza de que nadie me había mirado de ese modo en toda mi vida, ni mis antiguas novias ni las dos mujeres con las que me casé.

No conseguía sacarme de encima esa mirada, esa ternura. Noche tras noche iba a dormir con la esperanza de soñar de nuevo con ella.

Sin duda, había algo en ese sueño que debía comprender. Era como un recuerdo intenso que se repetía en mi cabeza sin cesar: sus ojos turquesa, la piel nívea, la blusa blanca que parecía de otro tiempo. Ella también parecía de otro tiempo.

Después de darle muchas vueltas, decidí someterme a una regresión hipnótica para buscarla.

····• 2 •····

La terapeuta me hizo retroceder hasta antes de mi nacimiento. Y no vi nada. Nada de nada. Todo negro. Ya me lo esperaba.

Nico desistió y me propuso que disfrutara de la relajación; pero le pedí que volviera a intentarlo y entonces ocurrió.

Fue extraño, porque vi partes de un cuerpo distinto al de ahora, pero sabía que era el mío. La pelirroja estaba tumbada a mi lado. Dormía girada hacia la pared y no veía bien su cara, pero sí su larga melena cobriza y el cuello, tan blanco que se le transparentaban las venas azules. Era la chica del sueño. Había existido y fue mi pareja en otra vida.

Puede que fuera una ilusión de mi mente o que Nico me lo hiciera ver por hipnosis, ya que le hablé de la pelirroja; pero en ese momento era como si una parte de mí hubiera ocupado el cuerpo de antes. Y lo que él sentía también lo sentía yo, como el extraordinario amor por esa mujer. Aunque era consciente de que estaba a punto de salir de su casa a escondidas para no volver jamás.

Sabía que esa decisión provocaría un sufrimiento insoportable en ambos. Estaba escribiéndole una nota de despedida cuando ese dolor anticipado fue creciendo tanto que lloré en silencio mientras mi amada dormía y desconsoladamente bajo la atenta mirada de la terapeuta.

Dicen que, del mismo modo que el cielo llora para limpiar la tierra, el alma llora para limpiar el corazón.

Nico cree que tengo que curar el trauma de esa vida para poder avanzar en ésta, por eso soñé con la pelirroja y fue lo primero que vi en la hipnosis. Según ella, mi alma me está guiando hacia esa chica. «Tenemos que curar ese karma para que puedas cumplir tu misión con tu llama gemela», dijo.

¿Habrá sido de verdad una regresión? ¿La pelirroja es mi llama gemela? ¿Será todo fruto de mi mente o de la mente de Nico?

La protagonista

···• 1 •···

Ayer entré en Internet en un *casting* virtual, de esos con fotografías y datos de actores y actrices, aunque no tenía ninguna expectativa de encontrar ahí a la protagonista de la obra de teatro musical que estoy preparando.

No obstante, me llamó la atención una actriz de pelo moreno y rizado llamada Alma, pero era demasiado joven para el papel.

Seguí buscando y encontré algunas chicas que cumplían más requisitos, aunque siempre volvía a la fotografía de Alma, a pesar de que no tenía la edad ni el aspecto físico que buscaba. Aun así, decidí quedar con ella y, a los pocos minutos, le di el papel de actriz principal de la obra.

Yo mismo me sorprendí al oír mis palabras. No entiendo por qué le dije que será la protagonista, si no tiene el perfil ni la he visto actuar ni cantar ni le he hecho ninguna prueba. ¿Será una extraña intuición de lo que puede llegar a hacer esta muchacha o pura estupidez?

En el budismo, una intuición es un susurro del alma.

···· 2 ····

Nico insiste en que debo hacer otra regresión para encontrar a mi llama gemela. No sé si es una buena idea continuar con las sesiones, pero la curiosidad es mayor que mis dudas.

Esta mañana hablé mucho con la actriz. Dimos un largo paseo y fue muy extraño, porque de pronto me vi contándole sucesos que no le había contado a nadie. Y ella me explicó cosas muy íntimas que tampoco se suelen contar a un desconocido.

Le dije a Nico que todos los de la compañía de teatro piensan que la prota y yo somos amantes. Supongo que es porque siempre estamos juntos.

En el ensayo comprobé que Alma es la mejor protagonista que podíamos haber encontrado. Cuando interpretó su papel, la transformación que tuvo lugar en sus ojos, en su expresión, en la forma de hablar, fue tan espectacular que nos dejó boquiabiertos.

Para celebrarlo, fuimos a comer a un restaurante especial, con mucha historia y por el que han pasado grandes artistas. Charlamos como viejos amigos. Me contó partes más íntimas de su historia y yo de la mía. Cada día estoy mejor a su lado. Reímos muchísimo.

Eso fue ayer, hoy en el ensayo ni siquiera me saludó al llegar. Parece enfadada conmigo. Noto que no quiere que me acerque. No sé qué le pasa.

Nico dice que tiene miedo.

¿Miedo de mí?

«No. De ella».

···· 3 ····

Hoy todo ha cambiado. Mi vida ha cambiado. Ya nada será igual. Ahora todo tiene sentido.

Quedamos con la prota para grabar una escena que proyectaremos de ella corriendo descalza. En un momento de descanso, me arrodillé para ponerle los zapatos, porque hacía mucho frío y supuse que tendría los pies helados. Al levantarme, quedé a un palmo de su cara, frente a sus ojos turquesa, y me dio un vuelco el corazón.

Me preguntó qué me pasaba. No pude responderle. Estaba paralizado. ¡No podía ser! La miraba y veía a la pelirroja. ¡Son los ojos de la pelirroja! ¡Es la pelirroja!

No, ¿cómo va a ser la pelirroja del sueño? No tiene ningún sentido.

Los ojos son idénticos. La cara es muy parecida. Sólo el pelo es distinto. ¿Cómo no me había dado cuenta antes?

¿Me paraba siempre en su fotografía, porque reconocía los ojos de la pelirroja? ¿Por eso, la conexión tan rara entre nosotros, esa complicidad, el que nos contáramos cosas tan íntimas? ¿La vida nos ha vuelto a juntar siglos después? Pero ¿cómo se lo voy a decir? No se lo creerá. Yo tampoco me lo creería.

«Ni se te ocurra decírselo. No está preparada. Te has dado cuenta demasiado pronto –dijo Nico–. Te voy a explicar por qué la has encontrado en esta vida».

····• 4 •····

«Losang, es tu llama gemela».

¿Alma y yo somos almas gemelas?

«Llamas gemelas. Todos tenemos varias almas gemelas, pero sólo una llama gemela y podemos encontrarla en todas nuestras vidas».

¿En todas?

«Las llamas gemelas son una misma entidad que se dividió en dos para conseguir mayor poder. Vienen a este mundo con la misión de aumentar la energía del amor cuando más se necesita».

Intento visualizar lo que me dice, pero me cuesta.

«No tienen el típico encuentro amoroso. Nada que ver con las historias tradicionales. Su característica principal es que no se parece a ninguna relación». Desde luego, pensé.

«Se reconocen por los ojos, nuestras ventanas del alma, que reflejan las emociones y las vivencias del pasado». Ahora lo entiendo.

«Se pueden pasar horas hablando y tienen la sensación de que conocen a la otra persona como a sí mismas o incluso mejor. Emiten energía creativa y ambos sienten que tienen una misión importante». Es verdad.

«Es muy probable que no haya atracción física, que nuestra llama no sea nuestro tipo o que haya un impedimento que nos provoque rechazo, como una diferencia de edad, de religión, de cultura, de idioma, de país, o lo que sea que haga casi imposible la relación». De edad.

«Esto ocurre justamente porque el amor entre ellos debe ser incondicional y no puede basarse en la atracción física o mental, sino en la del alma, la del corazón. Superar esos retos sociales y mentales será un gran desafío. Pero si se han encontrado aquí es porque pueden lograrlo. Aunque va a ser muy difícil».

···· 5 ····

¿Qué tiene que ver Alma con la pelirroja y cuál es nuestra misión?

Nico me habla despacio, como hablo yo a veces a mis alumnos de la universidad.

«Alma y la pelirroja son la misma alma reencarnada. Tu llama gemela. Estoy segura de que has sentido durante toda tu vida que te faltaba algo, que te sentías incompleto. Era porque te faltaba tu otra mitad. Alma habrá sentido lo mismo. Además, seguro que, en el fondo, en su interior, ella siempre ha sabido que tenía algo importante que hacer en este mundo, igual que tú. ¿No es cierto?».

Sí.

«En esos casos, la ansiedad se vuelve incontrolable, porque sientes que tienes que hacer algo muy importante que no estás haciendo, pero no descubres qué es, como si lo hubieras olvidado, y eso te provoca mucha inquietud».

Comprendo.

«Las llamas gemelas tienen una misión. Por eso están aquí. Por eso se encuentran. Y, si no lo consiguen, en la próxima vida volverán a intentarlo. Es su destino. Y no se limita a ellos, es sobre todo para los demás, para mucha gente. La unión de dos llamas gemelas es lo más mágico y extraordinario que podemos vivir. Ayudan a cambiar la energía de este planeta, que en este momento está muy baja».

¿La prota y yo podemos cambiar la energía del planeta? Supongo que serán todas las llamas gemelas juntas.

«Claro. Pero no tienes ni idea de la energía que emanan cuando deciden abrazar su destino».

Algo sí que he visto.

«No has visto nada. Ojalá lo veas. Cuando dos llamas gemelas se juntan para cumplir su misión crean una vibración tan elevada, tan extraordinaria, que esa energía provoca paz, armonía y amor en los que están cerca. Al unirse esas dos mitades de forma consciente, el potente amor incondicional que desprenden llega al corazón de los que están alrededor y cambia la vibración de esas personas. Pueden llegar a cientos de almas y curarlas. La energía se propaga rápidamente y acaba realizando auténticos milagros».

¿Milagros?

«No va a ser fácil, Losang. La mayoría fracasa, porque las llamas gemelas se atraen por el corazón al mismo tiempo que se repelen por la mente. Y, por desgracia, no estamos acostumbrados a escuchar a nuestro corazón y sí a nuestra mente».

Será más fácil si nos ayudas. Puedo explicárselo y pedirle que venga y hacemos sesiones juntos.

«Ni se te ocurra decírselo. No está preparada. Pensará en el amor de pareja y saldrá corriendo de tu vida. Hazme caso, se tiene que dar cuenta ella sola. Cada uno tiene su ritmo. Ella lo hará cuando llegue su momento».

····• 6 •····

Actuaremos en el teatro municipal de la ciudad. El club de fútbol local se ofreció a pagar la actuación, gracias a un gran amigo, porque es una obra de carácter social que también pretende ayudar a las personas que no tienen recursos.

Alma está tan animada con actuar en este templo maravilloso, enorme, con tanta historia, que cuando los directivos del club me dijeron que preferían aplazarlo para el próximo año, porque tenían el presupuesto cerrado, les dije que yo mismo pagaría todos los gastos.

Prefiero pagarlo y fingir que nos financia el equipo de fútbol a tener que darle ese chasco a la prota.

Les sorprendió tanto mi actitud que cambiaron de opinión. Cubrirán todos los costes y harán un vídeo con el capitán del equipo para divulgar la obra.

A veces, una pequeña acción de bondad es como una semilla en tierra fértil, con el tiempo dará frutos para muchas personas.

····• 7 •····

El viaje de las llamas gemelas no es lo que podríamos llamar un viaje apacible. Deberán superar arduas etapas que pondrán a prueba su amor.

La primera etapa es la del despertar, porque despiertan para reconocer a su llama por medio de sueños o visiones antes del verdadero encuentro o, mejor dicho, reencuentro.

Cuando el alma despierta, aumenta nuestra vibración energética y seguirá aumentando cuando nos relacionemos con la llama gemela.

Algo que relatan a menudo las llamas en esta fase es que ven muchas veces secuencias de números repetidos, 11:11, o 2:22, etc.

Si miro cientos de veces el reloj, seguro que alguna secuencia veré. Sin embargo, sorprende cuando eso se convierte en habitual.

Durante un tiempo, siempre que me despertaba de madrugada eran las 2:22. En otros momentos también se repetían otras secuencias. Cuando miraba el reloj eran las 22:22 o las 4:44, etc. Empecé a ver secuencias de números por todos lados.

He leído que son mensajes de ángeles.

···• 8 •···

Esta mañana fui con la prota a la televisión local a dar una entrevista. Cuando ya estaba cerca de la cadena, Alma me llamó desesperada diciendo que se había perdido y estaba en un lugar apartado.

Me pasó la localización, le pedí que no se moviera de allí y fui en su busca sin dudarlo.

Pensar que estaba sola en un sitio en el que no había nada más que automóviles me angustió. Sobrepasé el límite de velocidad, me salté dos semáforos e incluso fui unos metros en contradirección para acortar un tramo. Cometí más infracciones de tráfico en quince minutos que en quince años.

Salvarla de su desesperación y llegar a tiempo a la entrevista fue maravilloso.

Sólo mucho después se nos ocurrió que podría haber llamado un taxi.

No era consciente de lo mucho que me había afectado mi separación hasta ahora, que justamente vuelvo a sentirme bien al lado de una chica.

Mis sentimientos son muy contradictorios. Reconozco que es muy guapa, pero no es atracción física lo que siento. Es algo muy diferente. Una conexión enorme, algo muy especial.

Algunas veces me molesta su actitud y no entiendo por qué. Sin embargo, la mayor parte del tiempo, su simple presencia me da paz, como ocurre cuando estás con una persona que quieres, con quien tienes mucha confianza y conoces de toda la vida.

Nunca había vivido una conexión tan grande con alguien. Y a ella le pasa lo mismo. Puedo estar a su lado sin hablar más tiempo de lo normal y me siento bien, tranquilo, en casa, o «más en casa que en mi casa», como ella misma me dijo el otro día.

La pelirroja

···• 3 •···

Sigo con las regresiones. Está claro que hay algo de esa vida que tengo que percibir o aprender. Puede que necesitemos varias vidas para aprender una sola cosa.

Por lo visto, soy militar y me han dado la orden más difícil: atravesar el Atlántico en una misión muy arriesgada para llegar a esas tierras que los portugueses llevan años conquistando: ¡Brasil!

¡No me lo puedo creer! ¿En otra vida también estuve en Brasil? Quizá por eso acabé viviendo tantos años allí. Es posible que los caminos que elegimos tengan relación con algo que no conseguimos terminar en otra encarnación.

Entonces me llamaba Joseph y partí del puerto francés de Saint-Malô. La terapeuta me preguntó el año. Le dije 1572.

Ya sé que la mente tiene una capacidad increíble de inventarse cosas; pero crear una segunda vida con tanto detalle, con fechas y todo, no sé yo, me está pareciendo demasiado elaborado para la mía.

Como pocos vuelven de ese viaje y los portugueses nos liquidarán si nos descubren, ante la enorme posibilidad de que muera allí y la pelirroja se pase la vida esperándome, se me ocurrió escribirle una nota diciéndole que no quería continuar con ella, porque ya no la amaba.

Pensé que así reharía su vida con otro hombre y no me estaría esperando.

En ese momento tenía la absurda creencia de que eso era una prueba de amor.

Sentí un dolor inmenso; pero, por lo visto, tenía un sentido del deber muy exagerado y ni me planteé desertar.

Desde luego, en esa vida era todavía más idiota.

El reconocimiento

Así como un barco no está hecho para quedarse en el puerto, nuestra alma también necesita levar anclas de su viejo mundo y dejar atrás todo lo que le pesa, para emprender el nuevo viaje con su llama gemela, sin miedo a las tormentas que aparecerán.

Después de la etapa del despertar de las llamas gemelas, viene la del reconocimiento.

Dicen que, cuando las llamas se encuentran, les suelen brillar los ojos, porque sus almas se reconocen.

En ese momento, los chacras se abren más que nunca para que puedan procesar todas las emociones y se funden en una nueva energía unificada mucho más poderosa.

Esta energía los une para siempre. Nada podrá disolverla, por mucho que se empeñen ambos y aunque no vuelvan a verse en esta vida.

Puede que sea precisamente esa energía que los une la que hace que, desde los primeros encuentros, tengan la sensación de que se conocen de siempre y de conocer a su gemelo como a sí mismas, o incluso mejor.

Eso nos pasa a nosotros. Tengo la extraña sensación de que la conozco como nadie, que la veo por dentro, y que ella también me conoce y me ve como ninguna otra persona puede verme. Es como si fuéramos transparentes el uno para el otro. A veces, aunque no esté en ese momento con ella, siento incluso cuando está sufriendo.

Hay tanta química que algunas llamas gemelas piensan que han encontrado a su media naranja. Lo cual tiene sentido, porque, en realidad, son dos mitades que vuelven a estar juntas, aunque se trata de otro tipo de relación.

Al poco de conocerse, se dan cuenta de que la conexión entre ellos suele ser en todos los aspectos: mental, intelectual, espiritual y física. Pueden pasarse horas hablando sobre cualquier asunto y conectan perfectamente. Notan que con esa persona no tienen que fingir ni ocultar nada, pueden ser ellos mismos y sentirse cómodos, en paz, ya que cuando están juntos se sienten realmente en casa.

Alma lo explicó mejor que en todos los libros que he consultado cuando le pregunté cómo se sentía: «más en casa que en mi casa».

Los dos crecen espiritualmente muy rápido, pues cada avance de uno se refleja en el otro. Es como si lo que aprende una llama lo aprendiera la otra sin hacer nada, por la mágica conexión que existe entre ellas.

Se producen muchos momentos de sincronía y son tantas las coincidencias que aparecen entre ambos que hasta el más incrédulo acaba reconociendo que lo que le ocurre con esa persona no es normal.

Tras esa experiencia no somos los mismos. Cambia la forma de vernos. Cambiamos nosotros y buena parte de lo que nos rodea. Podríamos decir que nuestra vida se divide entre antes y después del encuentro con nuestra llama gemela.

No obstante, no todas las llamas están preparadas para asimilar tantos cambios.

El propósito de esta etapa es activar la memoria de la misión sagrada y ayudar a despertar a cada gemelo a niveles superiores de conciencia.

La pelirroja

···• 4 •···

La terapeuta me hizo avanzar en el tiempo.

A unas millas de las costas de Brasil, otra flota nos atacó y caí al mar. Desperté en una playa al amanecer. No había nadie más.

Deambulé por la selva durante días y, cuando ya me había entregado a la muerte, unos nativos me llevaron a su aldea y me cuidaron como a un recién nacido para que recobrara fuerzas.

En el poblado viven unos cien indígenas. Tienen su propia religión, en la que veneran a un tal Tupã, que sería algo parecido a Dios. Y temen a su demonio, Abaçaí.

Un hombre que llaman Pajé se comunica con ambos y cura las enfermedades del cuerpo y del espíritu. Él me trajo de nuevo a la vida y me cuidó hasta que me recuperé.

No es un mal lugar para quedarme. No solamente por gratitud, sobre todo porque no tengo adónde ir. Podría intentar llegar a la colonia de los franceses, pero en el camino nada más encontraría enemigos y no sé exactamente dónde estoy.

Siempre hay alguna mujer en mi cabaña. Sin embargo, nunca me he sentido tan solo. No paro de pensar en Brigith. Debe de estar sufriendo absurdamente. ¿Habrá descubierto dónde estoy? ¿Realmente habrá creído que no la amaba? ¿Me estará buscando?

La terapeuta dice que debo encontrarla para cumplir mi misión.

La protagonista

•••• 9 ••••

Ahora que ya tenía a todos los actores, me quedo sin el otro protagonista, Tony.

Quiero transmitir la historia de amor de dos jóvenes marginales que viven en la playa. He puesto que su amor les ayuda a superar todos los obstáculos.

Alma hará el papel de una joven temperamental que desde niña quería ser bailarina.

Tony iba a hacer el papel de un chico que soñaba con ser un cantante famoso y salir en televisión, como me dijo una tarde aquel adolescente que vivía en la playa de Ipanema de verdad.

Durante los trece años que estuve en Río de Janeiro vi a muchos niños, adolescentes y adultos malviviendo en la calle y no me acostumbré. Siempre me afectó. Por eso decidí escribir una obra de teatro sobre las personas que lo pierden todo.

Una amiga me recomendó a Tony y me pareció perfecto para el papel. Dos años antes actué con él en un concierto de *bossa nova* y tiene una voz preciosa. Enseguida aceptó.

La última vez que hablé con él, me dijo que estaba en una boda y que me llamaría el lunes. Pues nada. Ni lunes ni martes ni miércoles. Lo llamé muchas veces y le envié un montón de mensajes, pero no respondió.

Ahora contesta diciendo que tiene ataques de ansiedad y que es mejor que busquemos a otro para su personaje.

Si los artistas no fueran sensibles no serían artistas.

Al instante llamé a la cantante que me lo presentó:

—¿A quién más conoces que toque *bossa nova* y cante en portugués, como si fuera brasileño, y pueda hacer de actor?

—En Brasil te sería más fácil, pero aquí sólo conozco a dos personas con esas características. Uno es Tony.

—Sí, pero ya te he dicho que no puede. ¿Y el otro? ¿Quién es el otro?

—Tú.

—¿Yo?

—Sí, Losang. No encontrarás a nadie más.

Llevo horas buscando en las agencias de actores a un actor que cante y toque *bossa nova*. No hay manera. Ya no sé dónde más buscar.

Empezaré a retocar el guion, por si acaso. Voy a tener que hacer muchos cambios, porque yo no puedo ser la pareja de la prota en la obra. Soy mucho mayor que ella.

Nico dice que no hace falta que busque a nadie más para el papel, que lo tengo que hacer yo, porque forma parte de mi misión con mi llama gemela. Pero yo no soy actor.

«Sí que lo eres».

Es verdad que fui actor de doblaje, pero durante poco tiempo, y además es distinto, porque sólo se actúa con la voz. Aunque ella lo ve de otro modo.

«Has actuado muchas veces tocando y cantando. Con mucho público. Y estás acostumbrado a dar conferencias para cientos de personas y también a hablar en público en las clases».

Es cierto, pero no se da cuenta de que actuar tocando o cantando y dar clases o conferencias no es lo mismo que ser actor de teatro.

«Sí que lo es. Todas las llamas gemelas pueden llegar a cientos o miles de personas, en función de su energía y del tiempo que dediquen a ello. No hace falta que sean actores. ¡Tú tienes la oportunidad de transmitir esa vibración encima de un escenario con tu llama gemela! Esa energía llegará a miles de personas. Es tu misión. Todo te está llevando a ello.

¿No te das cuenta? No puedes huir de tu destino. Es una misión sagrada, divina. Ya verás que muchos dirán que han cambiado después de ver la obra. Deja que las cosas ocurran como tienen que ocurrir. No seas un estorbo en tu propio camino. Venga, prepárate para la regresión», dijo la terapeuta para acabar de convencerme.

La pelirroja

···• 5 •···

Nico dice que ese pasado kármico no me deja avanzar en mi vida hacia la misión con mi llama gemela, porque está incrustado en mi alma y crea bloqueos energéticos.

Soñé con la pelirroja y la vi con la hipnosis, porque necesitaba crear esa conexión entre el pasado y el presente para curarlo. Les ocurre a muchas llamas gemelas.

Veo que no sólo arrastro las equivocaciones, las relaciones fallidas y los sueños rotos de esta vida, sino que también los de otras. No es poco.

Ojalá pudiera arrastrar todo lo que me pesa, como el río que nace en las montañas arrastra cuanto se interpone en su fluir hacia el mar. Pero me temo que todavía no he llegado a ese nivel.

Esta tarde hablé con mi amigo Rimpoché de la obra de teatro y le dije que estaba haciendo demasiadas cosas que no tenían nada que ver la una con la otra: las clases en la universidad, la gira con el trío tocando *bossa nova* y *jazz,* el nuevo libro que estoy escribiendo y ahora este musical. Quizá sería mejor dedicarme a una sola de ellas y hacerla bien, a conciencia. Y le pregunté cuál me aconsejaba.

El lama pensó unos segundos y me dijo: «Losang, todo es lo mismo. Lo que haces es transmitir. Cuando tocas, cantas o escribes, transmites una emoción, un mensaje».

Le pregunté si era mejor dejar la universidad.

«No –contestó–. En las clases también haces lo mismo. Transmites. ¿Qué dicen los alumnos de ti?».

Que les ayudo a amar la profesión.

«Pues eso», sentenció.

Menos mal que este hombre es sabio y me da buenos consejos, porque realmente me encanta todo lo que hago.

Supongo que amar lo que haces es también quererse a sí mismo, pues dedicas tu tiempo a algo que amas.

···· **6** ····

Sigo avanzando en la hipnosis. Continúo aprendiendo de mis amigos de la aldea y ellos de mí. Pusimos una cruz del tamaño de tres hombres sobre la maloca que construimos para que pareciera una iglesia. Aunque, en realidad, la utilizamos para juntarnos todos algunas noches o cuando llueve.

Una mañana aparecieron los primeros portugueses con ganas de esclavizar a los indígenas más fuertes. Me presenté en su idioma como si fuera un padre jesuita, les mostré la iglesia y les advertí de que todos los nativos habían abrazado nuestra religión, los había bautizado y tenían nombres cristianos. La Corona considera un delito grave capturar a un cristiano y esclavizarlo, aunque sea un nativo converso.

Los tratantes se burlaron de mí, porque en el fondo ven a los indígenas como animales. Pero cuando les recordé las consecuencias de enfrentarse a la Iglesia y a la Inquisición, el temor acabó venciéndolos y se marcharon refunfuñando con toda la comida que consiguieron cargar.

La pantomima fue mejor de lo que había imaginado. Supongo que fui convincente. De algo me sirvieron los años que pasé en la abadía del Mont Saint-Michel como guardia del alto condestable. Puedo recitar una misa entera en latín si me lo piden.

Sigo pensando en Brigith y ya no tengo ninguna duda de que me equivoqué al dejarle aquella nota y marcharme sin decirle nada. Habría sido mejor desertar y fugarnos a cualquier otro país.

Nico dijo que la encontraré, porque tenemos una misión sagrada.

Todo me parece una locura. No me atrevo a contar nada de esto a ninguno de mis amigos.

El karma

Nuestros actos crean un karma positivo o negativo, una energía que tendrá una consecuencia en nosotros. Cuando ayudamos a una persona, por ejemplo, generamos un karma positivo. Nos llegará algo bueno como consecuencia de nuestra acción. Tengo un amigo que siempre dice que nunca les falta dinero a las personas que ayudan a otros económicamente.

En cambio, un karma negativo provocará que vivamos algo malo después.

El karma es la acción y la ley del karma es el resultado de esa acción, lo que nos llega. No debemos olvidar que somos responsables de lo que hacemos, de todas nuestras acciones. De este modo, es posible que también seamos responsables de lo que recibimos. En fin, que, como todos sabemos, recogemos lo que sembramos.

Si generamos karma negativo, debemos compensarlo con buenas acciones. El amor hacia los demás y hacia uno mismo es el mejor karma que podemos dar y recibir.

También podemos cargar karma de otras vidas. Las llamas gemelas se pasan las vidas abandonándose, lo que provoca un karma negativo y un sufrimiento que sólo ellas conocen, ya que, cuando una abandona a la otra, como es parte de ella, también se abandona a sí misma.

En el budismo, sin embargo, no sólo importan nuestros actos, sino también la intención que tenemos al realizarlos, pues no califica las acciones como buenas o malas, o correctas e incorrectas, sino que le da más importancia a la voluntad positiva. De manera que, si hacemos daño cuando en realidad nuestra intención es buena, para el budismo el karma que generemos no será negativo.

El karma positivo viene de una voluntad basada en la generosidad, el amor y la claridad.

El negativo procede de la codicia, el odio y la ignorancia espiritual.

Las llamas deben limpiar el karma de esta y de otras vidas para lograr la unión completa y poder alcanzar su misión.

Para conseguirlo, enfrentarán juntas difíciles pruebas que deberán superar.

La pelirroja

···• 7 •···

La terapeuta me hizo avanzar todavía más en el tiempo.

Vi cómo iba perdiendo las ganas de vivir. Seguía en la aldea con toda clase de cuidados que un hombre puede desear, pero continuaba solo.

Soñaba casi siempre con Brigith. Deseaba que llegara la noche para encontrarla de nuevo en los sueños. Ahí hablábamos mucho y al día siguiente recordaba perfectamente la conversación. Hacíamos el amor y nos dormíamos abrazados entre susurros.

Deseé tanto que los sueños fueran la vida real y que mi vida real fuera sólo un sueño que algunas veces creía que así era.

Nico me pidió avanzar hasta el umbral de la muerte.

En parte, me sentía orgulloso de haber salvado a ese pueblo de los conquistadores. Mis tretas durante esos años sirvieron para mantenerlos aislados de las barbaries de los europeos. Además, los indígenas podían comunicarse con los portugueses en su idioma y sabían muy bien lo que tenían que decir.

La aldea no paró de crecer, porque corrió la voz de que ahí estarían a salvo. En ese momento había más de mil nativos.

Cuando estaba a punto de fallecer, la terapeuta afirmó que debía estar contento, porque había cumplido mi propósito de vida, mi misión, salvar a todas esas personas.

Le respondí entre lágrimas que no, que mi propósito de vida no era salvar a esas gentes, sino amar a Brigith, protegerla y estar con ella. Ésa era mi misión y no la cumplí.

Nico me dijo que había llegado el momento de fallecer para curar mi alma. Tenía que eliminar ese pasado kármico. Pero el dolor era tan insoportable que no conseguí aguantar un segundo más y me incorporé despierto.

Ella insistió en que debía sanar ese karma y así también sanaría el de mi llama gemela.

Imposible. No pude. El dolor era horrible.

Los días pasan y sólo veo esas imágenes. No consigo ver otra cosa ni despierto ni dormido.

•••• **10** ••••

¿Cómo pude ser tan cobarde? Me convencí de que quedarme en el poblado sin intentar regresar para buscar a Brigith era una muestra de amor, porque así podría rehacer su vida con otro hombre.

No quise darme cuenta de que, en realidad, sólo era miedo disfrazado. A menudo lo disfrazamos de audacia para esconder nuestra debilidad.

Al principio, tuve miedo de las repercusiones si no cumplía con mi obligación como militar. Luego, de desertar y huir con ella. Después, de regresar a Francia y encontrarla casada y con hijos. Sólo miedo y yo pensaba que era amor.

Cometí un error al fingir que no la amaba y otro mayor al no atreverme a volver para decirle la verdad. No puedo cometer los mismos errores ahora. Lo contrario del miedo es el amor.

No paro de revivir esa historia. Es como estar en dos realidades a la vez.

El viernes hice casi mil kilómetros para ver a Rimpoché. Quería que me ayudara a quitarme de la cabeza a la pelirroja.

El lama ni siquiera lo intentó; pero, al menos, conseguí comprender por qué me sentía tan angustiado. «Es muy difícil asimilar lo que vivimos en una sola vida, imagina lo que significa añadirle todos los traumas de otra más. Si no las recordamos, es por algo. Sería imposible digerir tanta información», dijo.

Tiene razón; pero, si no hubiera hecho la regresión, no habría descubierto que Alma y yo éramos pareja en otra vida ni habría tenido la ayuda de Nico.

Le conté la experiencia con todo detalle y me dio buenos consejos.

Luego le confesé que me estaba costando mucho cumplir los votos que le prometí cuando nos conocimos, el día que me dio refugio en el monasterio budista.

En aquella ocasión, me pidió que eligiera los votos que pudiera mantener: no matar, no tener sexo sin consentimiento, no robar, no consumir drogas o no mentir.

«Todos», le dije.

Es mejor hablar después de pensar. Yo, a veces, lo hago al revés.

Esos votos son más difíciles de lo que parecen. ¿No matar un insecto que te quiere picar? ¿No soltar una mentira piadosa, cuando la mentira abunda más que la verdad a nuestro alrededor? Mentimos tanto que a menudo nos creemos nuestras propias mentiras.

Ya nos avisa de ese peligro el dicho: no temas la abundancia de la mentira; teme olvidar dónde está la verdad.

Cuando un lama te da refugio, también te da un nuevo nombre y se compromete a estar a tu lado espiritualmente para siempre. Fue él quien me dio el nombre de Losang Tsugtor.

Valió la pena hacer tantos kilómetros para pasar el fin de semana con él. Al menos, estoy mucho más tranquilo.

Voy a volver a las sesiones con la terapeuta, para que me ayude a cumplir la misión con mi llama gemela y a entender lo que he visto, o lo que me ha hecho ver.

La misión

Además de todo lo que me ha contado la terapeuta, he leído bastante sobre la misión de las llamas gemelas. Dicen que todas tienen la misma, ayudar a las almas a evolucionar y ascender al siguiente nivel de conciencia.

No necesitan grandes discursos para conseguirlo. Su propia vibración cuando están juntos es suficiente para transformar la energía negativa de las personas que están a su alrededor y facilitar que conecten con la paz, la empatía, la comprensión, con el lenguaje del corazón.

Todos coinciden en que las llamas gemelas se pusieron de acuerdo previamente para reunirse en este momento con el propósito de reestablecer lo que se conoce como el cielo en la Tierra, un lugar donde reine el amor y el lenguaje del corazón, lejos de los viejos paradigmas.

Nuestras creencias están obsoletas, basta con mirar a nuestro alrededor para comprobarlo, muchas son negativas y nos condicionan hacia el temor, el odio, el egoísmo, la codicia o la violencia. Todos sentimientos de desamor propios de corazones enfermos.

El violento sufre porque no tiene amor y el egoísta, porque le falta empatía.

Además, la codicia corrompe el alma, pues conduce a la mentira, el engaño, el robo o la explotación. En realidad, el codicioso tiene miedo de no ser suficiente.

Por otro lado, el odio suele venir por un sentimiento de ira, inferioridad o envidia. Mientras que la envidia es la manifestación más clara de desamor.

El antídoto para la mordedura del miedo y de todos esos sentimientos enfermizos es el amor.

En estos días, urge transmitirlo para calmar el dolor de los que sufren, apaciguar sus mentes y sanar sus corazones. De ahí que cada vez haya más personas que despierten y encuentren a su llama gemela.

Si queremos crear el cielo en la Tierra, debemos cambiar antiguas creencias para que la humanidad pueda sentir paz, armonía, felicidad, empatía y amor incondicional. Esto es posible elevando la vibración energética de las personas.

Por eso se encuentran las llamas gemelas, porque la energía que emiten juntas consigue aumentar la vibración de los que están cerca.

Todas las llamas gemelas pueden conseguirlo. Lo único que necesitan es superar los obstáculos que aparecerán para demostrar su amor incondicional y transmitir su energía de forma consciente.

No obstante, cuanto mayor sea la misión de las llamas, mayor resistencia encontrarán.

A medida que vamos superando las distintas etapas, los desafíos aumentan, pero también suele aumentar nuestra vibración energética, que nos ayudará a purificar nuestra alma y a cumplir nuestra misión.

Muchas llamas gemelas, incluso sin saber que lo son, intuyen inconscientemente que tienen una misión compartida y acaban trabajando juntos en causas sociales que benefician a otros y contribuyen a un bien mayor. Los resultados que obtienen son extraordinarios.

A medida que superen las distintas fases, el amor incondicional entre ambos será más evidente, hasta que llegará el momento en que vibrarán en amor y la nueva energía que nacerá de los dos hará el milagro de transmutar las demás energías de alrededor, de modo que donde se encuentren reinará el amor.

Ellos son los elegidos, los portadores de la luz, que aceptaron convertirse en uno, amar a sus llamas gemelas, a sí mismos y luego compartir ese amor incondicional con todos.

Supongo que todos buscamos dar un sentido a nuestras vidas y siempre he pensado que contribuir a algo superior a nosotros era lo que más sentido podría dar a una persona. Dicen que una forma de hacerlo es desarrollando nuestros principales talentos en beneficio de los demás.

Recuerdo una frase muy repetida que dice que el sentido de la vida es vivir una vida con sentido.

Estoy haciendo la obra con la que se supone que es mi llama gemela y nuestra misión consiste en hacer lo que estamos haciendo, pues mejor que intente no estropearlo.

Nico dijo que pocas llamas lo consiguen. ¿Lo conseguiremos nosotros o seremos capaces de boicotearnos también?

Si confío en que lograremos cumplir nuestra misión, porque es una misión sagrada que está siguiendo los pasos necesarios en el tiempo adecuado, mis pensamientos serán positivos y generarán mejores resultados que las dudas o los miedos.

Dicen que se necesitan cien afirmaciones positivas para que algunas cosas se concreten. Confío que conseguiremos cumplir nuestra misión.

No sé si Mahatma Gandhi sabía algo de la misión de las llamas gemelas cuando dijo que el amor es la fuerza más humilde pero la más poderosa del mundo.

La protagonista

···• 11 •···

En esta nueva versión de la obra que estoy escribiendo hay muchas cosas de mí. He puesto que el personaje es músico y cantante, pero más famoso que yo. Para dar veracidad a mi personaje, proyectaremos unas imágenes reales de hace unos meses en las que estoy actuando en un gran teatro.

Hay momentos en los que estoy hablando con la prota y veo a Brigith, la pelirroja.

La terapeuta me ayuda a gestionar como puede la información de ambas vidas. Ya me dijo Rimpoché que es muy difícil asimilar la infancia, los traumas, la relación con nuestros padres o hermanos, los amores, desamores, etc. Si encima añadimos otros, resulta todavía más complicado. Si no fuera por él y por la terapeuta, creo que todo me sería mucho más difícil.

La prota me confesó ayer que ha conocido a un chico y está enamorada de él. Ya me imaginaba que esto ocurriría. Hasta se lo dije en una de las comidas.

Curiosamente me alegro. Me alegro por ella. Supongo que debería tener celos. Pero realmente me gusta verla así. Lo que me parece muy raro.

La terapeuta dice que es amor incondicional. El mayor amor que existe. El propósito es intentar que todos los humanos puedan sentir lo mismo.

Yo pensaba que se daba solamente entre padres e hijos. He leído que el amor incondicional es el amor divino en nuestro mundo, lo que deberíamos experimentar en la nueva Tierra, el lenguaje del corazón.

¿La amo incondicionalmente? ¿Incluso si hace algo que me moleste? ¿La amaré siempre? ¿Pase lo que pase?

El martes, después del ensayo, la llevé a su casa para saborear esos minutos juntos. Al llegar a la mía, tomé la guitarra y no sé de dónde salieron esas notas y acordes. Hacía muchísimos años que no volvía a componer. La grabé y, por supuesto, la llamé *Alma*.

Componer es maravilloso. Para mí es una experiencia espiritual. No es un proceso mental. No estoy pensando en escalas, notas o acordes cuando compongo una canción. Es como si me estuviera comunicando con mi alma. O quizá es ella la que se comunica conmigo.

El miércoles fuimos a comer a una escuela de gastronomía en la que dan una segunda oportunidad de conseguir una profesión a los jóvenes que abandonaron los estudios por no adaptarse a la sociedad. La comida fue fantástica.

Las horas pasaron volando. Le dije que ella era pura luz; pero que la veía algo perturbada. Notaba su malestar.

Me contó que estaba pasando por un mal momento con el chico, porque él no tiene claro si quiere comprometerse. Y ella no piensa estar con alguien que no apueste totalmente por la relación.

Casi le digo que yo sí que apostaría, pero le dije un sincero «lo siento», porque realmente me sabe mal por ella. Y me sorprende. Este amor incondicional no se parece a nada de lo que he sentido antes.

En la comida, tras una copa de vino y un café irlandés, acabamos cogidos de las manos hablando del amor, ella con los ojos húmedos.

Luego, fuimos al auto para que escuchara la canción «Alma», a la que le puse el nombre de «Armonía» para no asustarla.

Fue el mejor día del inicio de año.

···• 12 •···

El jueves ensayamos los bailes en una escuela de danza. La dueña es una rubia muy atractiva. Como bailar no es lo mío y bailo muy poco en la obra, me senté con ella y nos pusimos a hablar.

Alma nos miraba mientras ensayaba. A los pocos minutos, se apartó del grupo y se sentó con nosotros. Parecía celosa. Callamos y ella me pidió que volviera con los demás.

Esta mañana fuimos a dar una entrevista. En el último momento, la prota me preguntó si me importaba que viniera su novio. Le dije que no. Incumplí la promesa que hice a Rimpoché de no mentir.

El novio de Alma me cae bien. Preferiría que me cayera mal. Su madre es brasileña. Qué casualidad, estamos a miles de kilómetros de ese país, pero todo parece girar en torno a él. Así que la conversación fue sobre Brasil. Incluso, en un momento de complicidad, hablamos en portugués. Me sentí bien con ellos, muy bien, lo que no entiendo, la verdad.

La entrevista fue fantástica. Después fuimos a ver el teatro municipal donde actuaremos este fin de semana.

Admirar la cara de la prota ante ese templo del arte, percibir en sus ojos el asombro de su majestuosidad y el vértigo de imaginarse en ese escenario enorme fue mejor de lo que había imaginado. Todo ha valido la pena sólo por ese instante.

Luego fuimos a comer y saboreamos un vino espectacular que siempre asociaremos a ese momento. Los recuerdos que se mezclan con el paladar permanecen durante toda la vida y a menudo despiertan cuando menos lo esperamos.

De vuelta a casa, en el auto, ella y yo cantábamos a grito pelado la canción que puse a todo volumen. También bailábamos como podíamos en nuestros asientos de delante. Detrás, su novio trabajaba en el *laptop*.

Cuando los dejé en casa de él, empecé a dar vueltas en la rotonda sin saber adónde ir.

Puse la canción «Alma» en el auto y conduje sin destino, hacia algún lugar que me alejara de mí mismo.

El amor incondicional

El Dalái Lama se refiere al amor incondicional cuando nos dice «Ama y sé compasivo con todos los seres, independientemente de lo que hagan o de cómo te traten».

Sin duda, amar incondicionalmente parece un acto de valentía, porque implica abrir el corazón sin garantías de reciprocidad.

De hecho, algunos lo ven como la expresión más pura de la humanidad, como el amor divino.

No obstante, no parece fácil mantener el amor por alguien haga lo que haga o diga lo que diga.

Veo muchas muestras de lo contrario al amor incondicional: hijos que no hablan con sus padres, amistades que se rompen por algo que uno hizo y le molestó al otro, o parejas que terminan porque no consiguen que la persona que aman sea como les gustaría.

Del mismo modo, tampoco encuentro muchas muestras de amor incondicional en nuestra sociedad, pues implica comprensión, generosidad, compasión, aceptación, etc.

Todos sabemos que el rencor hacia los que nos hicieron daño sólo nos hace daño a nosotros mismos. Es más sano perdonarlos, verlos como maestros y aprender de esas experiencias. Si lo hacemos, estaremos empleando el lenguaje del corazón.

Dicen que cuando aprendemos a perdonar y mostramos amor y compasión estamos compartiendo el regalo del amor incondicional.

Sin embargo, vemos que muchas personas intentan cambiar algunas características de su pareja. Cuando esperamos que nuestra llama gemela cambie, no mostramos amor incondicional.

Algunas personas llegan incluso a maltratar a sus parejas. Eso es maltrato. No tiene nada que ver con el amor.

La pareja sagrada de llamas gemelas es la representación del amor incondicional, un amor divino. No importa lo que el otro haga o diga. Siempre amaremos a nuestra llama, porque no podemos imponerle condiciones ni esperar nada de ella. Haga lo que haga, diga lo que diga, está bien, porque es lo que nosotros necesitamos para crecer, para pasar a la siguiente etapa. Forma parte del proceso de las llamas gemelas.

Me pregunto si realmente he amado incondicionalmente a alguna de mis parejas. Supongo que no, que mi amor dependía también del comportamiento que tuvieran.

De lo que estoy seguro es de que nunca me he amado a mí mismo incondicionalmente. Y eso que debería ser más fácil e importante.

Sin embargo, reconozco que muchas veces me he dado muestras de desamor, con palabras negativas sobre mí mismo o con acciones que evidenciaban poca autoestima.

Para poder amar incondicionalmente, primero debemos amarnos del mismo modo a nosotros mismos.

El amor incondicional siempre empieza por uno.

···· 13 ····

Le mostré a Nico la fotografía que Alma había puesto en el *casting* virtual y que hizo que me parara siempre en ella, aunque no tenía el perfil que buscaba. Es un primer plano de su cara, en el que destacan los ojos del color del mar.

Si realmente los ojos son las ventanas del alma y ella es mi llama gemela, no me extraña que la reconociera en esta foto.

Aunque me parece muy atractiva y conecto muy bien con ella, no es su cuerpo lo que me atrae o su mente. Noto que es algo que hay en su interior y que no se ve, que nadie ve. Algo que me hace conectar con ella de una forma distinta. Es como si estuviera dentro de su cabeza o de su corazón. En todo momento tengo la sensación de saber lo que piensa, lo que desea o lo que siente. Y a ella le pasa lo mismo. Nico dice que son nuestras almas, que se comunican entre ellas.

Supongo que es esa conexión de almas la que hace que nos sintamos tan bien juntos.

Estoy leyendo mucho sobre las llamas gemelas. En uno libro, la autora describe el caso de un joven que estaba a punto de casarse y visitaba casi todos los días a una mujer mayor, una vecina con la que se entendía mejor que con nadie. A ella le confesaba sus temores, anhelos, sus experiencias más íntimas. Los demás no comprendían por qué iba tanto a ver esa señora. Ni él tampoco. Simplemente existía un lazo de unión incomprensible entre ambos.

Sus amigos, su familia y su novia empezaron a cuestionarle esa relación, porque la sociedad, llena de prejuicios, siempre critica lo que no entiende. Y, como decía Albert Einstein, «es más fácil desintegrar un átomo que un prejuicio».

Al final, el chico dejó de ir a verla por la presión de los demás y, pasado un tiempo, cuando falleció, nadie tuvo que decírselo, sintió que su corazón se partía por la mitad.

He tenido algunas parejas en mi vida. Por mi experiencia, podría sentirme capaz de opinar sobre cualquier tipo de relación. Sin embargo, sobre esto que estoy viviendo con mi llama no sé ni cómo explicárselo a algún amigo, porque estoy seguro de que no lo comprenderá.

El deseo de estar con ella, ayudarla y protegerla es tan fuerte que ni siquiera yo lo comprendo.

¿Y ella lo comprenderá?

···• 14 •···

Ayer fuimos a un estudio a grabar las canciones del musical para hacer el disco. Vino el novio de Alma. Ella estaba tumbada en un sofá y él apoyaba la cabeza sobre su pecho. La prota le acariciaba el pelo. De pronto, el chico se levantó y dijo que debía marcharse un rato a hacer algo. Me puse en su lugar y apoyé la cabeza en el pecho de Alma. Escuché claramente cómo se le aceleraba el corazón y enseguida empezó a acariciarme la cabeza.

Al salir, me dijo que el padre de su novio vendría por la noche a ver nuestra décima actuación. ¡Uf! Es programador de un teatro y quiere vernos.

Tarde lluviosa. No conseguí comer, porque me encontraba fatal. Se me cerró el estómago. Volví a casa a tumbarme un poco. Todo presagiaba un teatro medio vacío por la lluvia y pensaba que no conseguiría actuar bien.

Seguí encontrándome muy mal durante todo el día y no paró de llover. Sin embargo, el teatro se llenó y, al entrar en el escenario, se me olvidó todo malestar y me pasó algo sorprendente: durante unos instantes de la representación, me metí tanto en el personaje que creí ser él de verdad. Me asusté al darme cuenta. Fue mi mejor actuación.

···· **15** ····

Las funciones se han ido sucediendo en distintos teatros. Cada vez nos compenetramos mejor como actores y la magia que hay entre nosotros llega al público.

La energía que emanamos cuando estamos juntos la percibe cualquiera. Y eso que ella no sabe nada de que somos llamas gemelas ni de la misión.

Nico dice que si ella fuera consciente y los dos nos entregáramos a transmitir el amor incondicional que sentimos, veríamos auténticos milagros; pero que no está preparada y, si se lo digo, se alejará. No aguanto más sin decírselo.

A pesar de que ella no es consciente, en una de nuestras últimas actuaciones, una espectadora escribió en las redes sociales del teatro: «He salido de la función mejor persona que cuando entré a ver la obra».

Eso no lo consigue sólo un guion. Ni los actores. Tiene que haber magia. Y entre nosotros la hay.

Soy muy feliz de poder hacer esta obra con ella y llegar al corazón de algunas personas. Nico dice que podremos llegar al de miles, pero que debemos huir del amor físico y enfocarnos en el incondicional. Sólo tenemos que seguir con lo que hemos empezado y no escuchar a nuestra mente cuando quiera sabotearnos.

¿Cumpliremos nuestra misión con esta obra?

Las funciones terminan dentro de poco.

¿Habrá otras obras más importantes?

El padre del novio de Alma nos ha programado cuatro noches en el teatro que dirige. Serán nuestras últimas actuaciones. Dice que tiene experiencia como director y que le gustaría darnos algunas sugerencias.

Esta mañana quedamos con todo el equipo para marcar las escenas y él nos fue sugiriendo pequeños cambios. Todos me parecieron acertados.

Cuando llegaron las escenas finales, nos dijo que se notaba que entre el personaje de Alma y el mío había algo especial, algo más que amistad. Casi se nos para el corazón. Y añadió: «Aquí falta un beso lento».

¿El padre del novio de Alma me pide que le dé un beso lento a la novia de su hijo? ¡Y nos lo hace ensayar dos veces! No deja de ser sorprendente.

No había visto a la prota tan nerviosa desde el día del estreno.

Supongo que habrá besado a varios actores en las muchas obras que ha hecho. Pero imagino que este beso es diferente.

Cuando él no está en el teatro, no lo hacemos, porque, además, no coincide con la relación de amistad que tienen los personajes en la obra.

Terminamos la última función el día del cumpleaños de Alma. Le regalé un brazalete que diseñó expresamente una joyera. Quedó maravilloso.

Por primera vez en mi vida, mi cuerpo, mi mente y mi alma se han puesto de acuerdo. Mi mente tiene claro que no tengo nada mejor que hacer que amarla, aunque ella no lo sepa. Mi cuerpo no tiene ganas de entregarse a otra mujer. Y mi alma no tiene otro objetivo que actuar con ella, para que, cuando ambas almas estén juntas, el amor sea tan grande que llegue a miles de corazones perdidos.

Hoy, por fin, he tomado una decisión: intentar estar a su lado para cuando me necesite, no interponerme entre su amor por su novio, si la hace feliz, ayudarla a conseguir sus sueños con todos mis medios, cuidarla, protegerla en todo lo que pueda, hacer que confíe en sí misma, amarla siempre y no decirle nada.

Si es que seguimos viéndonos, pues hoy termina la obra.

Las etapas de las llamas gemelas tienen nombres diferentes según la cultura. Los más habituales son: el despertar, el encuentro, el reconocimiento, la prueba, la crisis, la huida, la noche oscura del alma, la aceptación y la iluminación.

Nosotros estamos en el reconocimiento. ¿Conseguiremos atravesar las siguientes etapas? Dicen que ahora empieza lo difícil.

···• 17 •···

Desde que terminaron las funciones no la he vuelto a ver.

Tengo que confesarle que ella es la pelirroja, que somos llamas gemelas, que tenemos una misión importante y que siento mucho haber sido tan imbécil en la otra vida.

Aunque no tendrá ni idea de lo que le estoy hablando y pensará que he perdido el juicio. Cualquiera lo pensaría.

Nico insiste en hacer otra regresión para eliminar esos traumas del alma y perdonar lo ocurrido en el pasado. Tengo que liberar el dolor de esa vida y perdonarme para poder cumplir mi misión divina.

Siempre tenemos algo que perdonar y perdonarnos. Perdonar es un acto sagrado de generosidad hacia los demás y hacia uno mismo. Al comprender, aceptar y liberar el dolor del pasado, facilitamos que la compasión y la sanación tengan lugar.

Yo he podido conocer ese trauma de otra vida gracias al sueño y las regresiones, pero otras llamas pueden tener visiones que faciliten esa conexión entre el pasado y el presente.

Llegue de la forma que sea, hay que eliminar el karma para poder avanzar en el viaje de las llamas gemelas.

Esas experiencias negativas permanecen clavadas en nuestra alma y nos generan bloqueos energéticos que debemos deshacer. Pero, antes de nada, las llamas deben aprender a quererse más.

«Si no te quieres a ti mismo, Losang, no podrás quererla a ella incondicionalmente ni conseguirás nada. No te das valor y estás repitiendo el patrón de tus padres. Así no tienes ninguna posibilidad de cumplir tu misión con tu llama gemela. Para poder vivir el amor incondicional con Alma, primero debes vivirlo contigo», dijo la terapeuta.

···· 18 ····

He leído que nuestra llama gemela nos enseña las cosas que debemos trabajar en nuestro interior. Ella es nuestro espejo, nuestro mejor maestro. Por eso, merece la pena que prestemos atención a las lecciones que nos muestra.

Para muchas cosas me siento seguro y confío en mi criterio; en cambio, en mi relación con Alma me falta confianza, a pesar de que tengo mucha más experiencia que ella y que lo normal sería que fuera al revés, que ella se sintiera insegura conmigo.

Dicen que el pájaro no teme que la rama se rompa, porque su confianza no está en la rama, sino en sus propias alas.

Pues yo, con Alma, me siento tan torpe como un pájaro sin alas.

Nico también está en lo cierto cuando afirma que debo quererme tanto o más de lo que quiero a Alma; pero no es que me parezca difícil sentir por mí lo que siento por ella, es que me parece imposible.

A menudo, cuando estaba con Alma me comportaba como un pelele. Me ponía a su merced, dispuesto a realizar todas sus voluntades, y me olvidaba de mí, de mis cosas, de mis deseos, pues los suyos eran los únicos que me importaban. Y cuando le das tanto poder a una persona, pasa lo que pasa. Ella empezaba a tratarme como esas parejas que llevan años casados y en algún momento perdieron la dulzura en el trato. «Cállate», me reprendía a veces por lo bajo cuando estábamos con otras personas e iba a dar mi opinión interrumpiendo. Y yo me reía. Me dijo que no lo hacía con nadie más, que a ella también le sorprendía.

Supongo que es tan diferente lo que siento al estar a su lado, tan maravilloso, que olvidarme de mí me parece un precio justo. Parece ser que este mismo error lo cometen muchas llamas gemelas.

Estoy de acuerdo con Nico; tengo que verme a mí, no sólo a ella. Mi llama realmente se viste de espejo para mostrarme lo que debo mejorar.

Siempre que viajo le compro algo: unos pendientes, un collar, una cazadora, lo que sea.

En algún lugar leí que, en cierto modo, dar también es recibir. Dar desde el corazón con intenciones nobles se convierte en una bendición compartida, ya que eleva tanto a quien recibe como a quien da.

Un día vi en la tienda del aeropuerto una mochila preciosa. Me pareció algo cara para mí, pero no para ella, y la compré.

Alma está muy delgada y siempre lleva la mochila hasta los topes. Como pesa mucho, prefiero cargarla yo a que la cargue ella. No insiste en llevarla, porque sabe que la seguiré cargando igualmente.

Una tarde, cuando salimos de una reunión, llevé su mochila hasta el aparcamiento.

Cuando llegamos al auto, se la pasé al novio y éste me miró como diciéndome, ¿a mí qué me das, si es de ella?

Alma me la quitó de las manos y se la puso a la espalda.

No sé si mi comportamiento está bien. Puede que sea una actitud machista o excesivamente protectora. O ambas cosas.

Los dos estamos haciendo de espejo para reflejar lo que no vemos.

···· 19 ····

Por lo visto estoy repitiendo el mismo patrón de mis padres. Parece ser que no es nada excepcional. Dicen que lo más común es que imitemos la relación afectiva de nuestros progenitores, porque es el modelo que aprendimos durante nuestra infancia.

Para las llamas gemelas eso es un problema, porque no conseguirán que su relación sea como ninguna otra que hayan conocido.

Mi padre siempre estuvo enamoradísimo de mi madre, aunque ella solía tratarlo con bastante indiferencia. Aun así, mi padre le demostraba su amor en todo momento.

A ella le molestaba que siempre estuviera cantando y lo reprendía a menudo; pero él no conseguía evitarlo, porque cantaba de pura felicidad por tenerla cerca.

Recuerdo que, en sus últimas semanas de vida, cuando estaba en la cama sin poder moverse y la veía pasar por el pasillo, siempre le decía alguna cosa cariñosa, como «princesa» o «guapa». Y no es que hubiera olvidado su nombre por la incipiente demencia, es que para mi padre ella realmente era su princesa. Y eso que llevaban más de cincuenta años juntos.

Siempre pensé que mi madre no lo quería. Hasta que me di cuenta de que el amor de mi padre alimentaba su corazón y le daba motivos para seguir latiendo. A los cinco meses de que él falleciera, el corazón de mi madre dejó de latir.

Supongo que yo me comporto como mi padre, porque creo que Alma es esa persona especial para mí, mi princesa. Incluso algunas veces también la llamaba princesa.

Sin duda puede haber en el mundo mujeres mucho más bellas que ella o con más cualidades, pero es como le decía el Pequeño Príncipe a las rosas cuando descubre que hay cientos que se parecen a la que ama: «Sois muy bellas, pero estáis vacías. Nadie moriría por vosotras. Por supuesto, cualquiera que os vea puede pensar que sois iguales que mi rosa. Pero la mía, en sí misma, es más importante que todas vosotras juntas, puesto que es la que yo he regado, la que he puesto bajo un cristal, la que he protegido detrás de una pantalla».

Alma es una mujer diferente por todo el amor que le di, la energía que le dediqué, el tiempo, mis cuidados, las canciones y palabras que escribí para ella. Es especial porque me ayuda a crear y a crecer. Bueno, y porque es mi llama gemela, claro. ¿Cómo puedo ignorar todo lo que es para mí?

Está comprobado que no basta con alimento y un techo para vivir plenamente y con salud. Necesitamos amor y cuidados.

A veces olvidamos que somos nosotros quienes decidimos a quien amar y, al mismo tiempo, todos queremos ser la rosa especial de alguien.

Puede que yo sea muy romántico, y hoy en día el romanticismo no está muy bien visto. Para muchos es algo negativo que nos puede hacer sufrir. No tienen en cuenta que es mejor sufrir por amor que no amar.

Para mí, pasar por esta vida controlando nuestras emociones y nuestro romanticismo me parece bastante triste.

Hoy se define literalmente a la persona romántica como excesivamente sentimental, generosa, soñadora y que tiene demasiados sentimientos tiernos o amorosos.

¿Demasiados?

Algunos incluso sostienen que es una enfermedad, una distorsión de la realidad.

¿Qué realidad? ¿La de quién?

Los patrones familiares

En la infancia, aprendemos de nuestros padres su forma de comportarse, de amar, de resolver conflictos y expresar sus emociones, entre otras muchas cosas.

Cuando somos adultos, a menudo repetimos los mismos patrones de comportamiento, incluso los que no nos gustaban.

En ocasiones, no sólo heredamos una forma de comportarnos, sino también sus traumas o los de generaciones anteriores, los kármicos, y sus respuestas frente a esos episodios no superados.

Asimismo, nos transmiten los valores de la familia frente al trabajo, el dinero, el amor, la vida, la muerte y demás cosas importantes.

Para identificar dichos patrones, primero podemos aprender a observarnos a nosotros mismos y así podremos ser conscientes de qué comportamientos estamos repitiendo de nuestra familia. La meditación resulta de gran ayuda para este cometido.

Al observarlo, el patrón deja de actuar de forma automática y adquirimos la capacidad de decidir si queremos continuar con él o lo eliminamos de nuestra vida.

Nos cuesta mucho cambiar la manera de vernos, de ver a los demás y de percibir lo que nos rodea. Y eso que tenemos una nueva oportunidad todos los días, pues cuando despertamos, al abrir los ojos, miles de células mueren por el impacto de la luz y se renuevan de inmediato. De este modo, todos tenemos nuevos ojos cada mañana y una nueva oportunidad de ver el mundo de otra manera.

El verdadero viaje de descubrimiento no consiste en buscar nuevos paisajes, sino en tener nuevos ojos, decía el escritor Marcel Proust.

Tener una nueva mirada y cambiar mi forma de pensar es una oportunidad que agradezco.

Siempre me pregunto si miro el mundo con los ojos del amor o con los ojos del miedo.

Sin duda, crear un mundo mejor requiere una nueva visión.

Las llamas gemelas también son víctimas de los patrones familiares y sus ojos les engañan tanto como a los demás; pero, si consiguen verse y ver todo lo que las rodea, abriendo la conciencia y el corazón, superarán todos los obstáculos.

La vista es un regalo. Ver, una elección.

La protagonista

···• 20 •···

He llamado a Alma. No he podido resistirlo.

Sé que habría sido más inteligente esperar hasta estar preparado. Todavía tengo que trabajar la autoestima y la forma de relacionarme con ella para no caer en los patrones familiares. Debería tener más la paciencia; pero no pude, fue superior a mí.

Le propuse hacer otra obra juntos. Me dijo que sí de inmediato y me preguntó sobre qué irá.

Tenía que haberlo pensado antes de llamarla. Lo primero que me pasó por la cabeza fue algo vago sobre la historia de una canción. Mañana nos veremos personalmente. A ver si antes maduro más la idea, pero quiero hacer una obra en que la protagonista, además de Alma, sea la música.

Es increíble cómo nos influye la música que escuchamos. Las canciones alegres nos invitan a la alegría. Las melancólicas, a la melancolía. Está demostrado que la música nos puede bajar o subir la vibración.

Tenemos que elegir con cuidado qué banda sonora queremos para nuestra vida, porque puede ser determinante en nuestro humor o incluso en nuestro comportamiento.

Aunque el silencio es necesario para estar con nosotros mismos, no imagino mi vida sin música. Para mí, como dijo, Friedrich Nietzsche: «Sin música, la vida sería un error».

Voy a tener una nueva oportunidad con mi llama gemela. No puedo desperdiciarla. Tengo que ir con cuidado y no meter la pata. Pero ¿cómo hacerlo? Cada día tengo más ganas de decirle que es la pelirroja.

He leído que las llamas gemelas necesitan sincerarse entre ellas, porque sienten que no tienen nada que esconderle a su llama. Confían en ella plenamente. Sobre todo, cuando son conscientes y se entregan a esa relación sin miedo. Quizá por eso no consigo controlar estas ganas de decirle que es la pelirroja, que es mi llama gemela. No puedo ocultarle algo así. Me parece hasta desleal con ella.

Nico dice que no lo comprenderá, pero quizá sí que lo entienda. Puede que para Alma todo encaje cuando se lo diga, como me pasó a mí. No tiene nada de malo que seamos llamas gemelas. Al contrario. Es algo fantástico. Si es mi llama, en el fondo lo sabrá.

«Saldrá corriendo», dice Nico.

No sé cuánto tardaré en decírselo.

···• 21 •···

Esta mañana nos pusimos a imaginar posibles historias, pero nada nos convencía del todo. Alma debe viajar una semana con su novio. Así que, a partir de mañana, me voy a encerrar en una casa de campo con la intención de salir de ahí con la idea.

Hace un rato vino a verme Nico. Le enseñé una fotografía preciosa de cuando estrenamos la obra. Estamos la prota y yo con las manos dadas y los brazos en alto, saludando al público.

Nos salió sin pensarlo, como si el aplauso no sólo lo mereciera ella o yo como intérpretes, sino la unión de esas dos mitades. Al borde del escenario, en el proscenio, enlazamos nuestros dedos, subimos los brazos e hicimos varias reverencias al público, que aplaudía sin parar.

Fue uno de los mejores momentos de mi vida y también lo fue para ella.

Hicimos el mismo saludo de agradecimiento en todas las representaciones.

«Tienes suerte de poder vivir esto con tu llama gemela, Losang, pero ve despacio, Alma todavía no está preparada. Ha olvidado cuál es su misión en esta vida», dijo Nico.

Luego encontré una noticia que me llamó la atención. Es sobre una canción y está relacionada con un libro que escribí hace unos años. Hay una historia muy interesante. Una parte la descubrí entonces. La más sorprendente la estoy descubriendo ahora. Curiosamente, tiene muchas cosas parecidas a lo que estoy viviendo con Alma. Detrás de la canción hay una historia de un amor imposible por la diferencia de edad entre ambos. Muchas casualidades. Si es que existen las casualidades.

«Claro que no existen. Esa historia te estaba esperando», dijo Nico.

Las casualidades

Podemos interpretar las casualidades o coincidencias por estadística, causalidad, sincronicidad y subconsciente.

Para la estadística, las coincidencias son producto del azar y de las probabilidades matemáticas.

En cambio, desde el punto de vista de la causalidad, cada suceso está conectado con otro, es la causa de una acción anterior.

Carl Jung creía que las coincidencias son eventos sincrónicos, una confluencia del mundo material de los hechos con el mundo psíquico, y que tienen un significado que sólo nosotros podemos descubrir.

Freud no creía en las coincidencias y pensaba que cuando nos topamos con alguien por casualidad es porque ya lo habíamos visto antes en nuestro subconsciente. Suya es la frase: «La coincidencia no existe y todo encierra un sentido».

Después de todo, puede que Freud y Jung coincidieran en más cosas de las que ellos mismos pensaban.

El escritor indio Deepak Chopra relaciona las casualidades con lo divino: «La coincidencia es la manera que tiene Dios de mantenerse anónimo».

En el viaje de las llamas gemelas, las «coincidencias» adquieren una dimensión sobrenatural, ridiculizan cualquier estadística y superan con rotundidad las probabilidades matemáticas.

Los acontecimientos sobrenaturales son tan frecuentes que cada vez estás más convencido de que esa persona es tu llama gemela.

La protagonista

···• **22** •···

Siempre he sentido atracción por los veleros, por eso aprendí a navegar y tengo el título de patrón, aunque tener mi propio barco era un sueño al que renuncié hace tiempo.

Paseando por el puerto, esta mañana vi que había en venta un viejo velero de ocho metros, con dos pequeños camarotes en el interior y una mesa grande con asientos a los lados, todo de madera en perfecto estado. Es precioso. Una pena que no tenga el dinero que cuesta. Habría sido increíble trabajar ahí con la prota en estos días de tanto calor. Incluso llegué a imaginarnos navegando, escribiendo en el interior.

En casa abrí la cuenta del banco y vi que me habían preconcedido un préstamo a un interés muy bajo por casi lo que cuesta el barco. Pensé que era una publicidad, pero, por si acaso, seguí las indicaciones como si pidiera ese dinero.

Cuando terminé de entrar en los distintos enlaces, el dinero estaba en mi cuenta.

Primer día de trabajo con Alma. Salimos a navegar. Cuando estábamos bastante lejos de la costa, empezó a caer con fuerza una tormenta de verano. No mirar el tiempo antes de navegar es cosa de novatos imprudentes.

Por suerte compré dos chubasqueros profesionales. Nos los pusimos y reímos como locos mientras navegábamos bajo la lluvia, que apaciguaba el calor.

Cuando llegamos a puerto, nos secamos las pocas partes mojadas y empezamos a trabajar en el interior del barco. La mesa y los asientos son ideales para ello. Saqué el termo de café, los dos *laptops*, algo de comida y empezamos con la obra.

Trabajaremos así los próximos tres meses. Acordamos que le pagaré por su trabajo como si estuviera actuando en el teatro. Yo iré escribiendo el guion y ella me ayudará a trasladar el lenguaje de las palabras a las escenas del teatro musical, porque no he conocido a nadie que sepa más que ella de musicales. Los conoce todos y se las arregla para verlos en páginas marginales para enamorados de este género. Actúa desde niña en un grupo de su ciudad y ve la vida como si fuera un musical, llena de color, magia y belleza, con canciones que emocionan. A menudo sueña que es la actriz principal de una obra importante en un gran teatro de la ciudad de los musicales.

La prota consigue transmitirme cómo imagina en el escenario lo que voy escribiendo. Me explica cómo serían las luces, la escenografía, cómo aparecen los actores; veo cada escena por sus ojos.

Con frecuencia, tenemos la misma idea en el mismo momento. A veces, uno empieza una frase y la termina el otro.

Dicen que las llamas gemelas piensan muchas veces lo mismo. La sincronía entre ellos se da en tantas ocasiones que hasta el más incrédulo acaba reconociendo que son demasiadas casualidades. Es algo mágico, porque realmente hay magia entre las llamas.

La mayoría de las lenguas occidentales definen la magia como el poder de utilizar fuerzas sobrenaturales.

En cambio, en sánscrito, en el contexto filosófico hindú, la palabra puede referirse al concepto de que el mundo material, el que creemos verdadero, no es más que una ilusión creada por fuerzas divinas.

En el contexto budista tibetano, la magia también se refiere a la ilusión de la realidad material y la transformación espiritual por medio de prácticas místicas.

Una vez leí que la magia aparece cuando lo sagrado se encuentra con lo mundano y lo ordinario con lo sobrenatural.

El novelista británico Roald Dahl decía que: «Quienes no creen en la magia nunca la encontrarán».

···• 24 •···

La espero todas las mañanas en el barco con un termo de café y unas tartaletas de hojaldre con crema y frambuesas o con dulces de chocolate.

Avanzamos en las escenas de la obra vibrando en este proceso de creación.

Cuando nos cansamos de pensar, salimos a navegar.

Le gusta llevar el velero, correr e inclinarlo al límite. Se ríe mucho.

A veces, cuando lo llevo yo, se pone en la proa, en la punta, con las piernas fuera, para sentir el viento en la cara.

Se queda así un buen rato, con sus largos cabellos negros al aire, que acaricia todo su cuerpo.

Siempre paramos lejos de la costa y nos bañamos. Jugamos en el mar con el gran flotador que está atado a la popa.

Le dan miedo los tiburones que no hay. Juego a ser un tiburón que la persigue. Nos reímos. La abrazó en el mar cubriéndola por completo, para que, si viene un tiburón, me coma primero a mí. Nos reímos más.

Tomo fotos preciosas de ella riéndose. Luego nos secamos al Sol en la cubierta.

Esta mañana, cuando estábamos tumbados, le tomé la mano por impulso y ella me la apartó. «Sólo se la doy a mi novio».

Me pregunto qué puedo aprender de esta situación.

Comemos bastante en el puerto, sobre todo en un restaurante de comida asiática que nos gusta mucho. Y después de comer, trabajamos en mi casa un poco más. Otro café y seguimos a lo nuestro.

Aunque a veces nos tumbamos un poquito a descansar. Juntos. En la cama. Uno al lado del otro. Ella se queda dormida enseguida.

Las llamas gemelas, aunque se conozcan desde hace poco, se sienten seguras cuando están juntas. Entre ellas no cabe la desconfianza. Confían la una en la otra plenamente.

Puede que al principio les sorprenda tanta familiaridad con esa persona que no conocen suficiente; pero no tiene nada de extraño, pues la otra llama es parte de nosotros.

···· **25** ····

Le conté a un gran amigo la idea del musical. Le encantó.

Lo conocí hace muchos años cuando yo estaba actuando en un bar brasileño y me pidió si le dejaba cantar una canción. Esa noche empezó una gran amistad entre nosotros, en la que compartimos no sólo el gusto por las mismas canciones, sino muchísimos momentos buenos y algunos muy dolorosos en los que nos acompañamos, de esos que dejan huella en nuestro corazón.

En estos años él ha ganado una fortuna. Dice que quiere participar en la producción de la obra.

Hicimos un presupuesto cuarenta veces mayor que el de la anterior. El musical contará con actores famosos.

Cuando se lo dije a la prota tembló de felicidad. Nos abrazamos para celebrarlo y su cuerpo continuó temblando sobre el mío.

No recuerdo haber visto antes a alguien temblar de alegría. ¡Qué ganas tuve de besarla!

«Muy mal», dijo Nico cuando se lo conté esta mañana.

«No tienes que caer en el error de intentar encajar lo que tienes en una relación típica de pareja. Es completamente distinto. Y lo sabes. La relación de llamas gemelas no se parece a ninguna otra que hayas tenido. Olvida el deseo. Nada de besos. Si vas por ahí, lo echarás todo a perder. El amor incondicional no tiene nada que ver con el deseo. Céntrate en ese tipo de amor».

La prueba

Después de la etapa de reconocimiento, en la que las llamas gemelas se dan cuenta de que son especiales la una para la otra y descubren que se sienten en casa cuando están juntas, suele venir la etapa de la prueba.

Esta fase de crisis entre las llamas también es conocida como el desafío del ego, pues ocurre precisamente cuando el ego toma el control.

Uno o ambos intentarán encajar la relación en el viejo modelo de amor que aprendieron, el de la clásica pareja sentimental. Pero lo que ellos tienen es de otra dimensión y no encajará en ningún modelo.

En este estadio, surgen entre las llamas los conflictos internos, las dudas y los miedos. Se pueden activar heridas emocionales o patrones kármicos.

Para superar esta fase, tenemos que ser muy conscientes de las trampas a las que nos someterá nuestro ego. Son muchas y es muy astuto. Casi siempre consigue vencernos. No debemos menospreciarlo.

El ego detesta perder el control y con las llamas gemelas siempre lo pierde, porque se comunican desde el corazón y no desde la mente. Por eso, nos hace huir de las situaciones que no controla.

Es nuestro ego el que nos incita a buscar constantemente la aprobación de los demás, aunque eso suponga apartarnos de lo que en realidad desea nuestro corazón.

La desaprobación de alguno de nuestros amigos o familiares, que, por supuesto, no entenderá lo que sentimos, le bastará al ego para convencer a una de las llamas de que no le conviene la relación con la otra.

El ego detesta los cambios. Hace que nos resistamos a lo nuevo y nos aferremos a lo conocido, aunque el cambio sea realmente beneficioso para nosotros. Nos hará dudar y nos incitará a seguir con lo de siempre y a que pensemos que más vale malo conocido que bueno por conocer, como afirma el famoso dicho que muchas personas siguen al pie de la letra.

Es un maestro del autoengaño, capaz de hacernos decir cosas que no sentimos y que incluso nos mintamos a nosotros mismos sobre nuestras verdaderas emociones, intenciones o capacidades.

Con nuestra autoestima hace lo que le da la gana y, si le interesa, actúa como si fuera un mago y hace desaparecer todas nuestras virtudes.

El ego es capaz de hacernos justificar comportamientos y decisiones erróneas y, encima, convencernos de que estamos en lo correcto cuando no sea así. La sabiduría popular ya lo dice claramente: «No creas todo lo que piensas».

Si lo considera conveniente, inflará nuestro orgullo para que menospreciemos a nuestra llama.

Cuando no le funcione esa táctica, nos convertirá en víctimas, para eximirnos de la responsabilidad de nuestras propias acciones y decisiones.

Sin embargo, lo más habitual es que nos ponga a la defensiva, impidiendo así que aceptemos lo que podría ayudarnos en nuestro crecimiento.

Otra característica del ego es que proyecta nuestros defectos e inseguridades en los demás para que no las reconozcamos en nosotros mismos y nos hace desconfiar de las intenciones de nuestra llama.

Si nada de eso le ha funcionado, recurrirá al rencor y resentimiento. Así impide la liberación emocional y el perdón, que es, en realidad, una muestra de amor.

Otras trampas del ego con las llamas gemelas son hacernos depender de nuestra imagen y apariencia externa y que olvidemos la importancia del desarrollo espiritual y emocional.

También puede hacer que busquemos la gratificación instantánea, sacrificando los beneficios a largo plazo, o que neguemos lo obvio y ni siquiera nos planteemos reflexionar.

El ego suele ser el principal responsable de que muchas llamas gemelas no lleguen a la unión física.

En la psicología, el ego es la parte de la mente que se encarga de la percepción y la regulación de la realidad. Actúa como núcleo de la identidad personal y la autoconciencia.

Para la filosofía, el ego es el concepto que tenemos de nosotros mismos como seres conscientes y pensantes.

Desde el punto de vista espiritual, el ego es una ilusión del yo que impide la realización de la unidad con el universo o con lo divino.

Solemos relacionar nuestra identidad con nuestra voz interior y creer que somos nuestros pensamientos. Al iniciar la práctica de la meditación, lo que más me sorprendió fue que podemos observar lo que pensamos, dejar de pensarlo y desecharlo, si nos interesa. Entonces, me di cuenta de que yo no soy mis pensamientos, sino el que observa mis pensamientos y, por lo tanto, puedo observar mi ego.

Al distanciarnos de los pensamientos, percibimos lo que nos decimos a nosotros mismos y podemos cambiarlo, si no es positivo o dice lo contrario de lo que sentimos, de lo que dice nuestro corazón.

Lo que pensamos y lo que nos decimos nos condiciona mucho en nuestra vida, para bien y para mal. Nuestros pensamientos son muy poderosos. Ya lo dijo John Milton en el siglo XVII en *El paraíso perdido*: «Nuestra mente puede hacer un infierno del paraíso y un paraíso del infierno».

El propósito de esta etapa en el viaje de las llamas gemelas es trascender los clásicos modelos de relaciones aprendidos. No resulta nada fácil, porque no solemos cuestionarlos y los aceptamos de forma inconsciente.

El viaje de la mayor parte de las llamas gemelas termina aquí.

Desprenderse del ego es muy difícil y los que lo consiguen pueden tardar varios años.

La fórmula para conseguirlo ya la dio hace mucho tiempo el famoso yogui hindú Paramahansa Yogananda. «La mente es como un espejo, recoge el polvo del ambiente. Necesita la limpieza del alma».

La protagonista

•••• 26 ••••

Nuestro productor es fantástico. Ha llegado a un acuerdo con dos actores veteranos muy famosos. El actor aparece en varias series conocidas y ha actuado en más de cien teatros. Ella era actriz de Hollywood y es muy famosa. Estamos muy impresionados.

Los dos nos acompañarán en el escenario. Por su puesto, Alma hará el papel principal. Siempre será la prota en mis obras, como ya lo es en mi vida.

Yo haré el segundo papel protagonista. Me doy cuenta del orden en que lo acabo de escribir. Lo podría haber puesto al revés, pensando en lo que dice Nico, pero ni siquiera me planteo esa posibilidad. Prefiero que ella sea la prota a serlo yo. Deseo su éxito mucho más que el mío.

¿Conseguiremos actuar para miles de personas en grandes teatros con estos dos actores famosos? Pueden ser un reclamo y hacer que los teatros se llenen. ¿Podremos cumplir nuestra misión?

Nico dice que cuando las llamas gemelas nos alineamos con nuestra misión, todo va surgiendo como por arte de magia y al final acaba formando un guion perfecto, el guion de nuestra vida; pero a veces, nosotros mismos somos capaces de boicotearnos y podemos ir contra nuestro propio destino.

Alma y yo somos muy optimistas, todo está saliendo mejor de lo que podríamos haber imaginado; pero no paro de pensar en las palabras de la terapeuta y ella insiste en que no estamos listos para superar las etapas.

Esta historia me supera por completo. Sigo queriéndola más a ella que a mí mismo, y encima ahora la deseo físicamente también, aunque la amo incondicionalmente. No consigo cambiar de golpe esos sentimientos.

Estoy hecho un lío. Veo que estamos en plena etapa de la prueba y que el ego ya empieza a ponernos trampas.

Siento que puedo cometer algún error en cualquier momento y me angustia lo que dice Nico de que pocas llamas gemelas lo consiguen.

Si consigo comportarme con mi llama siempre con amor y no dejarme llevar por todos los mensajes absurdos de mi mente o mi ego y escuchar a mi corazón cuando tenga dudas, habré superado mi parte.

Faltará que ella escuche también a su corazón y no a su mente.

···• 27 •···

Me encantaría que Alma fuera la directora del musical y pudiera poner en práctica las ideas que tiene. Ella dice no está preparada, pero que el padre de su novio podría ser el director, ya que ha dirigido varias obras y ella se sentiría más segura con él.

¿No serás capaz de meter al padre de su novio en esta obra?, pensé de inmediato. Aun así, le dije que sólo contemplaría esa posibilidad si ella participaba en la dirección.

El padre del novio dijo que ella podría ser la directora artística. Vino tan contenta a decírmelo que acabé aceptando. Así podrá poner en práctica sus ideas que tanto me gustaron y encima le irá bien para el currículo.

Luego le dije que tiene que creerse ese personaje de directora artística y hacer unos pequeños cambios, si no, nadie la tomará en serio. Y mucho menos actores profesionales y famosos.

Creo que en la vida todos somos actores e interpretamos distintos personajes según con quien estemos. Con algunas personas nos mostramos más tímidos. Con otras, más bromistas o extrovertidos. Cuando estamos con algunas somos víctimas. Con otras, verdugos. Siempre interpretamos los personajes que creamos en función de la relación que tenemos con otra persona. Y casi nunca somos conscientes de ello.

¿Por qué es tan difícil elegir qué personaje queremos interpretar en nuestra vida y hacer el guion que más nos apetezca vivir?

Al fin y al cabo, dicen que nosotros creamos casi todo lo que nos ocurre.

Hoy hemos navegado bastante. Por la tarde, como le dolía la espalda, le di un masaje para quitarle las contracturas con la técnica que aprendí de un quiropráctico que me trató de un accidente de automóvil que casi me deja inválido y del que me recuperé por completo.

Luego, se duchó en mi casa y fuimos de compras para conseguirle ropas de su personaje y disfrazarla de directora artística.

Encontramos unos pantalones perfectos de época, un vestido, una blusa y entonces vi un vestido rojo. Me la imaginé con él puesto. Se lo probó y le quedaba perfecto. Le hice una fotografía en el probador riéndose. Y disfruté al verla disfrutar.

Eso fue ayer por la noche. Esta mañana llegó muy enfadada; dijo que la quiero cambiar, que no se tiene que disfrazar de directora artística para que la tomen en serio, que ella es como es, que ella no va a ser como yo diga. Continuó enfadada todo el día.

Nos cuesta terminar con lo viejo y dar paso a una nueva mirada, a un nuevo propósito, a una manera distinta de pensar y hacer.

Hay una metáfora que me gusta mucho: la mariposa no teme la transformación, pues sabe que su belleza reside en el cambio.

O puede que estemos en la fase de la prueba y yo esté metiendo la pata.

•••• 28 ••••

Cada día en el barco vibramos con lo que he escrito y cómo ella lo imagina. Se le ocurren cosas muy buenas. Nos reímos con las sincronías y vibramos con la conexión de alma tan sorprendente y que ahora también es de mente.

Este verano está siendo el mejor de mi vida. Me levanto todos los días animado, con ganas de que ella llegue.

A menudo la llevo de vuelta a su apartamento. Pero a veces me dice que va a dormir a casa del novio y yo, por estar un rato más con ella y para que no se pase una hora sola en el transporte público, la llevo. La sensación al dejarla en casa de él es muy extraña.

Algunas veces, cuando estamos en mi casa descansando en la cama, ella se tumba un momento sobre mi pecho para juntar los dos corazones mientras permanecemos abrazados.

Siento su corazón en mi piel y ella siente el mío palpitando con el suyo.

El objetivo es acompasar el ritmo, lo que nos resulta realmente muy fácil, aunque parezca extraño. Enseguida sentimos cómo ambos corazones laten al unísono. Las dos almas están juntas.

Es el momento mágico de aprovechar la poderosa energía de ambos y visualizar un deseo que sin duda se cumplirá. Nos vemos actuando juntos en un gran teatro de la ciudad de los musicales. Y permanecemos así un minuto o dos o tres, quietos, visualizando nuestro deseo, con ambos cuerpos fundidos en uno.

Son los minutos más maravillosos que existen. Podría morir en ese instante, feliz, los dos abrazados, ella encima de mí, exactamente igual que en el sueño con la pelirroja.

···· 29 ····

Cuando mi madre murió, por una subida de la presión arterial, también me empezó a subir a mí. Nunca me había pasado. Estaba dando clase en la universidad y me acabaron llevando al hospital.

Al principio, me ocurría una vez al mes. Luego cada semana. Y al final, todos los días.

Después de muchas analíticas, mi médico no encontraba la razón de esas repentinas subidas. Mi corazón se aceleraba al percibir la muerte cada vez más cerca, pero físicamente seguían sin descubrir qué me pasaba.

Una noche me senté temprano a leer un libro apoyado en el respaldo de la cama. Al poco, empecé a sentir un bienestar increíble y, enseguida, la presencia de dos almas que me resultaban queridas.

Me sentía mejor que nunca. Me invadió una paz desconocida. Los seres me invitaban a subir. De pronto, algo muy fuerte salió de mí y les gritó que no era el momento, que todavía no había cumplido mi misión.

Supongo que fue mi alma. Las otras se esfumaron al instante y yo desperté, si es que estuve dormido en algún momento o, mejor, regresé y continué sintiendo durante unos minutos la paz y el bienestar que me habían invadido.

Lo primero que pensé fue ¿qué misión será ésa?, pues todavía no había conocido a Alma ni a Nico.

Me pregunto si realmente estuve a punto de fallecer y mi alma se negó porque tengo una misión con mi llama gemela. Puede que haya una explicación lógica. Quizá me quedé dormido y todo fue un sueño.

Dicen que las llamas despiertan tras un choque traumático, como la muerte de seres queridos, y que enseguida empieza lo que llaman el despertar de la conciencia.

Es curioso que, justo después de esa experiencia, una amiga me presentó a un sanador que enseñaba precisamente a activar la conciencia con una técnica tibetana que me ayudó a percibir mejor todo lo que me rodea.

Es frecuente que antes de que las llamas se encuentren en persona puedan aparecer en sueños para prepararlos. Poco después de activar la conciencia, soñé con la pelirroja, conocí a Alma y Nico me hizo las regresiones hipnóticas.

Cuando las llamas gemelas se encuentran tienen la sensación de que se conocen desde siempre, de que se pueden mostrar como son sin ningún temor y se sienten especialmente bien cuando están juntas. Alma dio la mejor definición que he encontrado a esa sensación.

Cuando las llamas descubren que tienen una misión, por fin desaparece la ansiedad que siempre habían sentido, porque encuentran la tarea importante que tenían que hacer en esta vida. Dejan de ir tras esa búsqueda de algo que parecía olvidado y todo cobra sentido, como ahora que Alma y yo podemos llegar a miles de personas con esta obra.

Todas las almas pueden conseguir lo mismo, aunque no sea en un escenario. También podrán llegar a cientos o miles de personas por su vibración.

No obstante, puede que estas cosas que nos han pasado no sean más que meras coincidencias y que les estemos dando demasiada transcendencia.

«Coincidencias, je, je. Claro, coincidencias», dijo la terapeuta.

•••• 30 ••••

Mi médico, que no cree en la reencarnación, aunque es una de las personas más espirituales que conozco y un gran estudioso, sospechaba que lo que yo tenía era el síndrome del superviviente.

Me explicó que afecta a las personas que están muy unidas y viven una experiencia traumática de casi muerte estando juntas, pero ambas se salvan milagrosamente.

Los traumas extremos vividos en una guerra, un desastre natural, una enfermedad u otras circunstancias, en la que dos personas rozaron la muerte juntas, provocan un daño emocional y psicológico importante en ambas. A menudo les quedan sentimientos de culpa, ansiedad, depresión, etc.

Parece ser que, debido a este síndrome, cuando años después una de ellas fallece, la otra puede desarrollar síntomas de la enfermedad del otro, aunque no está documentado que pueda provocar la muerte.

El psicoanalista William Niederland fue de los primeros en mencionar este síndrome al trabajar con supervivientes del Holocausto.

Puede ser que yo estuviera a punto de fallecer poco después de mi madre, porque los dos estuvimos a punto de morir cuando nací. De hecho, le dijeron a mi padre que no sobreviviríamos al parto. Por suerte, el médico se equivocó.

Le pregunté a Nico si ella cree que no fallecí entonces porque tengo una protección para poder cumplir la misión sagrada con mi llama gemela.

«¿Nunca te has salvado milagrosamente de un accidente o de una situación de mucho peligro, además de cuando naciste?», preguntó la terapeuta.

Una vez tuve un accidente en moto. Choqué a bastante velocidad, salí volando por encima de una furgoneta y aterricé de pie. Y no he trabajado en ningún circo.

En otra ocasión tuve un accidente en automóvil. Un auto venía en contradirección y en el choque frontal rompí el parabrisas con la cabeza. Y eso que dicen que es irrompible. Escuché a los camilleros hablar sobre mi mal estado, los gritos de urgencia en el hospital por el derrame cerebral y desperté en un quirófano con las palabras de una enfermera diciendo que el supuesto derrame había desaparecido.

Hace poco caí de espaldas de una altura de unos cuatro metros. Lo lógico habría sido darme con la cabeza en el suelo por la trayectoria, pero hubo un instante en que todo se puso negro y caí de pie de nuevo. Debería mirar lo del circo.

Tengo unas cuantas situaciones más como ésas. ¿No les pasa a los demás?

«Sí, sí. A todo el mundo, je, je. Son sólo casualidades, je, je, je», respondió Nico.

El sanador

A las pocas semanas de la experiencia de casi muerte, gracias a una gran amiga conocí a un sanador que había aprendido una técnica tibetana para activar la conciencia.

Nos ponía algodones en los ojos cerrados, los cubría con una venda, luego nos colocaba un antifaz negro y, durante largos ejercicios, nos hacía visualizar la sala y el exterior. El objetivo era lograr ver algo con los ojos tapados, aunque no fuera con nitidez.

Casi ningún adulto lo conseguía. En cambio, bastantes niños sí que veían lo que les poníamos delante, normalmente cuentos o revistas, e incluso unos pocos conseguían leer algunas frases, aunque acababan agotados. Era bastante sorprendente.

Yo sólo conseguí ver algo de claridad e intuir alguna cosa. Aun así, cuando terminó el curso, el sanador nos invitó a mi amiga y a mí a que lo acompañáramos para ayudarlo en sus exhibiciones en las dos próximas ciudades. Poco después, nosotros les hacíamos los ejercicios a los niños y, para mí sorpresa, algunos también veían lo que les poníamos delante.

El primero fue un niño de unos once años. En el local había varias revistas. Tomé una al azar, la abrí por la mitad y el chico consiguió ver el anuncio del automóvil que se destacaba en la página. Cuando le quité la venda y se levantó, tuve que sujetarlo porque le costaba sostenerse en pie por el esfuerzo que había hecho.

La siguiente fue una niña de unos doce años. En la mesa había varios cuentos. Tomé uno cualquiera y lo coloqué delante de ella. Le pregunté si lo veía. Dijo que sí, que había un niño en la portada y me pidió si podía dibujarlo en un papel. Ella misma tomó papel y unos lápices de colores esparcidos por la mesa y dibujó con destreza al niño. Después, escribió el título del cuento en el centro de la hoja. Su madre y yo nos quedamos boquiabiertos.

Tuve la buena ocurrencia de grabarlo con el celular. A veces muestro el vídeo a los más incrédulos, que no tardan en buscar una posible explicación que entre dentro de lo que consideran lógico.

Como decía Bertrand Russell: «El problema de los incrédulos no es que duden, sino que creen saberlo todo».

Algo que tampoco tiene una explicación lógica es esa capacidad que desarrollan las llamas gemelas de comunicarse telepáticamente, aunque puede que no sean conscientes de ello.

Cuando una está viviendo una emoción muy fuerte, como estar en peligro o sufriendo por algún dolor profundo, la otra llama suele sentirlo. Si no lo percibe directamente, probablemente le aparecerá en sueños. Muchos tampoco se lo creerán. Quizá yo mismo tampoco me lo habría creído antes de conocer a mi llama gemela.

El sanador también trabajaba con la energía de las personas para curar algunas enfermedades del espíritu, pues, según él, es ahí donde nacen todas las dolencias de nuestro cuerpo.

Lo vi curar algunas molestias. No era un charlatán; conseguía eliminar muchos males en minutos. No sé si podía curar enfermedades importantes. Por lo que vi, supongo que, si el paciente colocara toda su energía a favor, puede que fuera posible, o puede que no. No sé, la verdad.

A veces se negaba a tratar a algún enfermo nada más verlo, pues sostenía que algunas personas en realidad no quieren curarse, porque la enfermedad les trae la atención y los cuidados que necesitan. Decía que la enfermedad también les sirve a veces para conseguir la reconciliación entre personas queridas o familiares del enfermo.

Eran afirmaciones que me creaban dudas, porque no sé nada de medicina ni del origen psicológico o emocional de las enfermedades.

Cuando le decía a un paciente que no quería tratarlo por una de esas razones, era una situación un poco violenta y nos quedábamos todos, hasta el enfermo, sin saber qué decir.

Yo lo ayudaba con lo que me pedía sin ser consciente de lo que realmente estaba haciendo. Cada vez me sentía más fuera de lugar practicando algo que no conseguía entender; aunque notaba que mi percepción había aumentado considerablemente.

A los pocos días de estar en la segunda ciudad, me encontré muy mal y estuve vomitando durante horas. El sanador me dijo que no me había protegido de la energía negativa del grupo. Fue mi último día con él. Sin embargo, puede que realmente activara algo la conciencia y la capacidad de percibir las cosas. Aprendí mucho con esa experiencia y guardo gratos recuerdos.

Dicen que en el viaje de las llamas gemelas lo primero que aparece es el despertar de la conciencia y luego el espiritual. Te das cuenta de que no eres un cuerpo, sino un alma dentro de un cuerpo.

Parece ser que las llamas gemelas también tienen la capacidad de sanarse entre ellas cuando están juntas.

He leído que cuando las llamas gemelas están alineadas y en armonía pueden experimentar un aumento muy importante de la energía vital y sentirse más saludables, equilibradas y fortalecidas en cuerpo y mente.

Sin embargo, si hay desequilibrio entre ellas, por conflictos o etapas de separación, pueden manifestar síntomas físicos como fatiga, ansiedad o incluso pueden aparecer enfermedades psicosomáticas.

No obstante, muchas corrientes espirituales sostienen que las llamas gemelas reciben protección de fuerzas superiores debido a la importancia de su misión.

Me pregunto si también pueden curar a otros, no sólo el alma, como parece que ocurre cuando estamos cumpliendo nuestra misión, sino también el cuerpo.

Aunque puede que el sanador tenga razón y que las enfermedades sean el siguiente estado de los males del alma, como también sostienen algunas culturas.

De hecho, Hipócrates, conocido como el padre de la medicina, ya decía que «No hay enfermedad en el cuerpo que antes no haya pasado por el alma».

Platón también sostenía que «Si el alma no está sana, el cuerpo tampoco puede estarlo».

No obstante, me cuesta creer que todas las dolencias empiecen en nuestra alma, puede que también influyan otras muchas causas, como las enfermedades heredadas, la suerte, la agresión a la que sometemos nuestro cuerpo con el aire que respiramos en las grandes ciudades, con lo que comemos o bebemos, el ritmo de vida, o muchos otros factores que desconozco.

El sanador decía que influye mucho más lo que pensamos y lo que sentimos.

Él comía y bebía lo que le pusieras delante y se le veía estupendo.

El hijo del capataz

Dicen que las llamas gemelas eligen en qué familia encarnarse, porque solamente con esos padres y en ese entorno familiar aprenderán lo que necesitan para cumplir la misión con su llama.

Mi padre era el hijo del capataz de la única fábrica de un pequeño pueblo. Empezó a trabajar con su papá cuando cumplió doce años y siempre fue el que hacía los recados.

Al principio sólo lo mandaba su padre, pero con el tiempo todos los trabajadores le pedían que hiciera algo para ellos. Casi siempre cosas de la fábrica, pero también lo mandaban a comprar tabaco, traer alguna cerveza, lo que necesitaran. Y él lo hacía de buen grado, siempre con una sonrisa.

La tarde que se cruzó con la peluquera, supo que sería la mujer de su vida. Al pobre no le frenó que ella fuera dos años mayor y tuviera pretendientes mucho más cualificados y apuestos. Pensó que con su amor sería suficiente.

Los domingos la esperaba con dos helados en las manos a que saliera a la calle. Ya tenía calculada la hora, pero a veces le podía la impaciencia y llegaba demasiado temprano. Cuando la peluquera salía, ya se le habían derretido los helados.

No bastó para que perdiera el ánimo que ella le dijera que no tenía ninguna posibilidad. Siguió esperándola todos los domingos con un amor tan firme que hasta ella misma empezó a desear que llegara el día del helado.

La peluquera

Mi madre perdió el interés por su vida al entrar en la adolescencia.

Por aquel entonces, tenían cultivos que producían suficiente alimento para toda la familia e incluso ganaban algo de dinero con lo que sobraba, hasta que su madre se quedó embarazada por séptima vez.

Se puso de parto una tórrida noche de gran tormenta en la que los rayos y la muerte cercaron la casa.

El niño nació vivo, pero ella falleció en el parto por la misma enfermedad que tuvo mi madre cuando yo nací.

Mi abuelo no soportó la pérdida de su mujer y dejó de cuidar sus tierras y a sus siete hijos.

Del recién nacido se ocupaban la mayor, de catorce años, y mi madre, de trece. Se turnaban también para buscar y preparar algo de comida para toda la familia.

El bebé murió semanas después y todos lo achacaron a una corriente de aire frío. Ésa fue la explicación menos dolorosa que encontraron.

Su padre bebía todo lo que podía para mitigar el dolor, pero no había alcohol suficiente para tapar ese agujero.

Una noche que llovía y los rayos se acercaron a la vivienda, como aquella otra fatídica noche en la que se puso de parto la que hubiera sido mi abuela, mi madre cerró la puerta con llave para que no volviera a entrar la muerte.

Cuando su padre llegó, aporreó el portón para que le abrieran. Ella le dijo por la ventana que no le abriría hasta que dejara de beber y volviera a ocuparse de ellos.

El hombre se enfureció y le tiró una botella de licor que dio en el quicio de la ventana. Los cristales se rompieron en pedazos y cayeron al porche. Aporreó la puerta con más fuerza.

Cuando la joven creyó que podría romperla y le dio más miedo eso que la cólera de su padre, le lanzó las llaves al charco que se había formado delante de la casa.

Él iba descalzo y se clavó uno de los cristales en el pie. Se metió en la cama sin ni siquiera mirarse la herida que le sangraba en el talón.

Unos días después le amputaban el pie. Pero no fue suficiente. La gangrena lo acabó matando.

Mi madre siempre pensó que fue ella quien lo mató y nunca llegó a superarlo.

Cuando se repartieron a los niños entre familiares y amigos, a ella le tocó una tía lejana que apenas conocía y que tuvo el buen tino de ponerla a estudiar peluquería.

Años después, triunfó como peluquera. Le ofrecían trabajos en grandes ciudades, pero regresó al pueblo, confiando en volver a unir a todos los hermanos.

No lo consiguió. Ninguno quería volver a aquel lugar en el que tanto sufrieron.

Ella siguió en el pueblo y perdió el interés por las cosas.

Todo le daba igual hasta que conoció a un chico que no era guapo del todo, aunque tampoco feo, que no tenía oficio ni dinero, pero que, además de los helados, le ofreció un amor que casi había olvidado.

No creo que mis padres fueran llamas gemelas; pero, sin duda, él la amaba incondicionalmente. Puede que eso me haya facilitado parte del proceso con mi llama. Quizá por eso el hijo del capataz y la peluquera fueron mis padres.

Creo que el amor que rebosaba mi padre es el mejor legado que me podía dejar.

Los traumas

Las llamas gemelas comparten varios traumas. El del abandono se repite en las diferentes encarnaciones, porque superarlo forma parte del proceso de las llamas.

En esta vida pueden compartir otro trauma, muchas veces, de la infancia. No lo recuerdan porque lo ocultaron en el fondo de su memoria para que no les afectara. No obstante, cuando están juntos aflora de forma natural y sana por la simple presencia del otro.

Hace unos días, me despertaron de madrugada las manos de una amiga acariciándome. En ese momento sentí que era mi primo quien lo estaba haciendo dentro de mi pequeña cama de niño aprovechando que todos dormían y recordé cómo me obligó a masturbarlo.

Aparté la mano de la chica bruscamente y le expliqué con todo detalle una escena que mi mente había borrado por completo desde entonces.

En ese momento, sentí rabia, odio, ganas de ir a buscar a ese pariente que no había vuelto a ver nunca más, ahora entiendo por qué. Era increíble que hubiera olvidado algo así.

Por la mañana hablé con Rimpoché y le expliqué que había recordado de repente que un primo había abusado de mí cuando debía de tener unos ocho o nueve años y que no entendía cómo había podido olvidarlo.

Me dijo que lo perdonara, que probablemente él no era consciente de lo que hacía, y que también tenía que perdonarme a mí mismo.

¿Perdonarlo? Tenía ganas de ir a buscarlo para pegarle.

¿Perdonarme a mí? ¿De qué?

Esta semana he encontrado una fotografía que no recordaba haber visto nunca. En ella están mis vecinos, mi hermano y, detrás de mí, sujetándome la cabeza, mi primo. Él debe de tener unos veinte años. Yo le llego por encima del ombligo. La fotografía es del día en que ocurrió eso, porque al menos yo sólo recuerdo que se quedara una noche. Espero no haber borrado más cosas de mi mente.

Rimpoché tenía razón. Perdonarlo a él ha sido más fácil que perdonarme a mí por no haber dicho nada a mis padres, por sentirme sucio, por la huella que me dejó.

Mi amigo lama dice que es importante perdonar todo daño pasado, presente y futuro, porque el perdón también es un acto de amor, hacia los demás y hacia uno mismo.

Es curioso que las llamas gemelas suelan compartir traumas de infancia y salgan de repente cuando están juntas. Aunque lo más sorprendente es que no necesiten tratarlos y que sólo por el mero hecho de estar juntos aparezcan y se curen como por arte de magia, en este caso literalmente. Cuando uno lo supera, lo supera el otro, por la especial conexión que existe entre ambos.

Le pregunté a Nico qué límites tiene la energía de las llamas gemelas.

«No sé qué límites tienen las llamas cuando están juntas. Creo que, por el hecho de mejorar el alma de las personas y que se contagien del amor que desprenden, pueden curar enfermedades relacionadas con sentimientos negativos. Pero, además, estoy segura de que, si dominan la energía que generan y se empeñan en lograr cada vez mejores resultados, pueden conseguir lo que se propongan, cualquier cosa», dijo la terapeuta.

Desde luego, conocer a mi llama es lo más extraordinario que me ha pasado en la vida.

La protagonista

•••• 31 ••••

Quieren meter al novio de Alma en la producción. Les digo que no, que eso parecería una telenovela y que no es una buena idea en absoluto.

Ella insiste, el padre del chico también. Cuando ella me insistió, estábamos en un restaurante. Le dibujé una línea. La mitad era yo y la otra ella. Le añadí la línea del novio a su lado y la del padre. Le expliqué que esa línea se rompería y los tres acabarían enfadados conmigo por cualquier desencuentro o malentendido con uno de ellos.

Ella me dijo que eso no ocurriría, porque son profesionales. Me mantuve en que no era una buena idea.

Hoy, cuando llegué al teatro, él estaba ayudándonos a hacer el presupuesto. Y debo reconocer que es bueno en eso. Le dije que está bien, que trabaje un mes con nosotros.

Desde luego, el silencio es un arte. Tengo que pensar antes de reaccionar. Abraham Lincoln tenía razón cuando dijo: «Más vale callar y parecer tonto, que hablar y demostrarlo».

Soy consciente de que ahora cualquier problema que tenga con uno de ellos puede romper mi relación con Alma.

Si yo soy la llama gemela de la prota, me pregunto qué será él para ella. ¿Su alma kármica?

Dicen que entre las almas kármicas hay una atracción física que los puede atrapar durante años, pero entre ellos no suele haber una conexión espiritual.

El alma kármica viene para enseñarnos una lección que necesitamos aprender, probablemente de otra vida. Suelen traer una montaña rusa emocional bastante desgastante.

No creo que él sea su alma gemela, pues tienen otro tipo de relación. Las almas gemelas suelen ser grandes amigos. No hay atracción física entre ellas, ambas buscan el bienestar mutuo y se acompañan en el camino para ayudarse. Podemos tener varias en la misma vida y es posible que las encontremos en las siguientes encarnaciones.

Al menos estoy seguro de que no es su llama gemela, pues sólo tenemos una y la conexión entre ellas es absoluta: física, mental y espiritual. Es tan profunda que ambos tienen una sensación de unión que sólo las llamas gemelas conocen.

···• 32 •···

Antes de empezar los ensayos con los actores, hicimos una sesión de fotos para preparar la publicidad de la obra. El novio de Alma se encargó de todo.

La actriz de Hollywood accedió a posar sólo si le comprábamos una peluca, porque ha perdido mucho pelo. Tuvimos que contratar también a una peluquera para que estuviera en el estudio dos horas antes.

La sesión de fotos fue muy bien. Estamos ansiosos por verlas, pero el chico está muy ocupado con su nueva actividad. Ha abierto una productora y hoy está en Miami.

Ayer salí a navegar con el padre de Alma. Está jubilado. Me cae muy bien. Lo pasamos en grande. Le comenté que a su hija le gustaría tener una escuela de musicales más adelante y que podríamos crear una sociedad entre los tres y montar la escuela.

En ese momento hasta me pareció una propuesta normal. ¿Qué debe de haber pensado él? No supo qué responder.

Me gusta este hombre. Podría ser un buen amigo, si no fuera porque esa propuesta probablemente no tardará en contársela a su mujer y a su hija. ¿Qué les parecerá a ellas? ¿Qué dirán de mí? ¿Por qué un profesor universitario, autor de obras de teatro, quiere abrir una escuela de musicales con su hija, muchos años menor?

Luego comimos en el puerto y le conté lo de la pelirroja. Le hablé del sueño y que la había encontrado en las regresiones hipnóticas. Sólo no le dije que la pelirroja era su hija. ¿Se lo habrá imaginado?

Creo que él podría entender la relación entre las llamas gemelas. Me pareció muy receptivo con lo que le conté sobre las regresiones y otras vidas.

No sé si su mujer también lo entendería. Pensándolo bien, no entenderá nunca nuestra relación.

Si le cuesta a todo el mundo entender la relación entre las llamas, supongo que una madre sólo verá que hay una unión extraña entre su hija y ese hombre.

Es como debe ser, porque las llamas gemelas sólo conseguirán cumplir su misión y estar juntas si su relación está por encima de lo que piensen los demás, de los prejuicios, de las diferencias de edad, religión, cultura, lo que sea que esté sólo para superarlo, para crecer juntos.

Si los demás aprobaran esa relación, si no hubiera ningún obstáculo que superar, no pasarían a la siguiente etapa, no crecerían, no podrían cumplir su misión.

•••• 33 ••••

Hoy en el barco, jugamos al juego de las verdades. No recuerdo si fue idea mía o de ella. Cada uno tiene que hacer una pregunta y el otro debe contestar la verdad. Le pregunté si había deseado hacer el amor conmigo. Me dijo que sí.

¿Cuándo?

Me respondió sonriendo que sólo se podía hacer una pregunta.

Luego ella me hizo la suya. No recuerdo ni qué me preguntó, porque no se me va de la cabeza su respuesta.

¿Podríamos ser pareja?

Nico dijo que no tenía que haber atracción física y reconozco que ahora sí que la hay. Realmente estamos en la etapa de la prueba entre las llamas. A mí me encantaría encajar nuestra relación en las tradicionales, aunque sea de otro tipo.

Por lo que dice Nico, eso nos puede confundir y uno de los dos saldrá huyendo. Qué manía tiene con eso de que, según lo que diga, Alma echará a correr. No veo por qué; la pelirroja era mi pareja y nos pasamos la vida amándonos, bueno, sobre todo echándonos de menos. Entonces, si ahora hemos vuelto para tener una segunda oportunidad, ¿por qué no es bueno que la prota sea mi pareja?

Se lo pregunté hoy a la terapeuta. Nico me dijo que no es malo que las llamas gemelas tengan ese tipo de relación, al contrario, es lo más maravilloso que hay; pero su unión no debe limitarse a lo físico, tiene que ser espiritual, diferente. No pueden basarse en los patrones clásicos de las relaciones. No encajarán en los estereotipos. Por eso es tan difícil para ellos y para los demás. Sobre todo, para los demás. Nadie entiende ese tipo de relación. Y eso hace que pocas veces triunfen. Todo el mundo estará en contra.

«De todos modos, sin duda, las dos llamas han esperado el momento idóneo. Y si ha ocurrido ahora, es porque pueden conseguirlo», dijo Nico.

Todo lo que han vivido las llamas gemelas hasta el momento de encontrarse les ha servido para preparar su unión. Puede que no lo consigan. De hecho, pocas lo consiguen. Pero se dio en el momento ideal para que ocurriera. Si no lo logran, será porque no han sabido reconocer a su llama o superar todos los obstáculos.

Estamos en un momento crítico en el planeta. No hay más que ver las noticias. Nunca hemos estado tan ausentes e inmunes a lo que ocurre a nuestro alrededor. Vivimos en una burbuja que se limita a nuestro pequeño mundo y ya apenas nos conmueven las imágenes de horror que vemos en la televisión o en las redes. Sin duda, el amor no es el sentimiento que reina en esta época, donde predominan la codicia, el egoísmo, la envidia, la soledad y la ira.

Intento evitar la ira para no lastimar el corazón de nadie y dirigirme a todos con respeto y cuidado. Las malas palabras son como puñales que atraviesan el corazón y causan mucho dolor.

Dicen que precisamente la ira es la trampa que convierte al ángel en demonio. ¿Nos estaremos convirtiendo en demonios?

Por eso es tan importante la misión de las llamas gemelas en este momento.

···• 34 •···

Primer ensayo todos juntos en un teatro. Como estamos en la ciudad del director, ella se está quedando en su casa, en la habitación del novio, pues comparte la casa con su padre.

El director planteó una escena diferente a como la imaginó Alma cuando estábamos en el barco. Me gusta más lo que ella pensó. Por eso, le dije al oído que la directora artística sugirió la escena de otro modo.

El director me amenazó con abandonar la obra si me metía en su trabajo. Se llegó a levantar y hacer el amago de irse. Lo retuve y le pedí que se quedara, pero que hablara con ella, ya que pensó la escena de otra manera.

Fue nuestro primer desencuentro. Ella dice que, por respeto a él, es mejor que lo dejemos hacer.

El hombre empezó a darme directrices sobre mi personaje con las que no estuve de acuerdo. Reconozco que debe de ser muy difícil dirigirme como actor, porque soy el autor de la obra y tengo muy claro cómo son los personajes. Con razón los directores dicen que los mejores autores son los que están muertos. Así no se meten en su trabajo. Pero lo que me pide que haga no coincide con el personaje, que al fin y al cabo lo he creado yo y tengo mucha información.

Como estamos con actores muy potentes, supongo que se siente inseguro y no quiere que yo lo maree o que lo vaya contradiciendo delante de ellos. Así que impone su visión sin dejar espacio a mis opiniones o a las de la supuesta directora artística.

Dicen que el mayor enemigo del éxito no es el fracaso, sino la inseguridad. Si no la enfrentamos, se convierte en nuestra prisión.

Hemos tenido bastantes choques para ser el primer ensayo.

Siempre digo que quien da problemas al principio los da hasta el final.

La crisis

Esta etapa en la relación entre las llamas gemelas también es conocida como la fase de espejo y reflexión, porque las llamas actúan como espejos que reflejan las partes más oscuras de cada uno.

Por desgracia, la oscuridad siempre intenta entrar donde hay mucha luz. Y como las llamas gemelas brillan mucho, en esta etapa atraerán también la energía negativa de ellos y de los demás.

En esta fase, suelen ver todo lo negativo de ellas mismas en la otra. De nuevo, el ego consigue manipularlos y les hace imaginar intenciones oscuras y egoístas en su llama. Incluso pueden llegar a sentirse traicionadas.

Es una etapa de alucinación, pues no están viendo realmente al otro. El miedo les hace imaginar cosas que no son reales y que acaban disparando patrones emocionales negativos.

Por un lado, les asustan sus propios sentimientos. Las dos sienten muchas emociones con la misma intensidad cuando están juntas, aunque a una le cueste admitirlo, pero ninguna sabe cómo gestionarlo, porque es la primera vez que sienten algo así.

Aunque no sean conscientes de las otras vidas, sus almas sí que lo son y recordarán el dolor que sintieron cuando su llama las abandonó. Como ambas cargan con ese trauma, en este momento suele aparecer el miedo de perderse una vez más y, por eso, algunas muestran un cierto rencor y el impulso de desistir de la relación con su gemela.

Es una de las etapas más difíciles, porque será la primera vez que realmente duden de su llama.

Podrán superar esta etapa si son conscientes de que es un momento de alucinación y se comunican de nuevo desde el corazón, desde el amor, pues es realmente el opuesto del miedo.

Cuando encaramos sin temor el reflejo del espejo estamos siendo valientes y los miedos desaparecen. La persona que tiene más valor siempre mira el miedo de frente.

En este momento también se nos brinda una gran oportunidad de crecer y el espejo puede reflejar las partes más luminosas de ambas, ya que su luz puede iluminar la oscuridad.

Al igual que las estrellas no pueden brillar sin oscuridad, ellas también la necesitan para avivar la luz de sus llamas.

Dicen que la flor de loto florece más bella del agua más fangosa.

Debemos ser valientes y enfrentarnos a ese miedo, pues el miedo no es más que una anticipación del dolor, como dijo Séneca.

No obstante, si no consiguen ver que lo que les refleja el espejo no es real ni recuperan esa comunicación que tenían, no pasarán de aquí.

El propósito de esta etapa es sanar los cuerpos emocionales y mentales.

La protagonista

La prota me pide un porcentaje de derechos de la obra como coautora.

No tengo claro qué lección tengo que aprender ahora.

A pesar de que ella no es coautora, porque no escribió nada, de que hizo lo que acordamos y todavía le pagué más de lo pactado, yo se lo daría sin problema, pero hemos creado una sociedad con mi amigo para producirla y la empresa tiene los derechos, ya que es la que invierte.

Estamos poniendo mucho dinero, sobre todo él. Si la incluimos y la sociedad acaba en pérdidas, le tocaría a ella también poner dinero.

Si tenemos beneficios, yo quiero destinar mi parte a hacer otra obra con ella. Todas las que podamos, para cumplir nuestra misión.

En mitad del ensayo de esta mañana, el director dijo que tenía que ir a renovar el carné de conducir y se ausentaría durante algo más de una hora.

Puso en la mesa la documentación del auto, para que la viéramos bien. Sin duda está sobreactuando.

Parece mentira que haya sido actor. ¿Para qué sacaría la documentación del automóvil y la traería al ensayo si luego tendrá que volver al auto para ir a la ciudad?

No tengo ninguna duda de adónde va.

Esta tarde Alma se quejó de que no le dije nada cuando registré la obra a mi nombre. Siempre registro las obras cuando termino de escribirlas. Es lo normal.

Como imaginaba, eso fue a comprobar el director.

Hablé con Rimpoché sobre lo que Alma pide y le dije que a mí no me importaba dárselo, si no le hago un flaco favor con eso y acaba poniendo dinero.

Él cree que tengo que decirle alguna vez que no a algo, para que me valore, porque, por desgracia, la gente siempre valora más a las personas que las tratan con indiferencia que a las que les dan todo lo que piden.

El error es mío, porque cuanto más das sin que te lo pidan, menos valoran lo que reciben. O como dice el Dalái Lama: «A veces, dar demasiado a los demás es la forma más rápida de perderse uno mismo».

De todos modos, creo que Rimpoché tiene razón. El otro día, al salir del ensayo, la llevé donde había quedado con su novio. En el auto, se quejó de no recuerdo qué, porque lleva toda la semana quejándose, culpándome de todo lo que ocurre, y con la tensión de estos días estallé por primera vez ante ella y empecé a gritarle que no aguantaba más, que nada de lo que hacía era suficiente, que ya no sabía qué más hacer, que, si lo prefería, buscábamos a otro para mi papel y yo me mantenía al margen.

Me miró con asombro, se disculpó y fue una de las pocas veces que ella me recordó todo lo bueno de nuestra relación.

Estamos en canales diferentes de amor. Yo intento satisfacer sus necesidades repitiendo el patrón de mis padres y me ahoga la sensación de que siempre será insuficiente.

Ese sentimiento lo identifico con el rechazo y me retraigo, en lugar de hablarlo con ella. Eso me baja la autoestima y nos separa todavía más. Los dos continuamos con los mismos roles y la falta de comunicación hace el resto.

Está claro que hemos entrado de lleno en la etapa de la crisis entre las llamas gemelas y actuamos como espejos reflejando las partes más oscuras de ambos.

Parece ser que la llama que trae un mayor trauma del abandono suele ser la que da generosamente y se entrega por completo. Necesita recibir el amor de su llama y lo acaba mendigando, pero no intenta darle ese amor a su niño interior, que es quien más lo necesita.

Lo más probable es que su llama también necesite darse amor.

Este desequilibrio los aleja y provoca más abandono.

Perdonar a las personas que asociamos al trauma del abandono en esta vida y en las pasadas ayuda a librarse de ese sentimiento.

La semilla del abandono nace en nosotros, pero germina en los demás.

Tengo claro que debemos trabajar la autoestima los dos, cada uno por su lado, y mejorar la comunicación.

Es increíble como algunos comentarios, casi siempre absurdos, durante la infancia o adolescencia nos condicionan el resto de nuestra vida.

Me cuesta ver que ella tiene problemas de autoestima y que a menudo no se gusta físicamente. A mí me parece preciosa.

Como les pasa a muchas actrices, ella se ve gorda, a pesar de que está muy delgada. Su novio no la ayuda llamándola a veces «cara bollo».

El otro día, mientras la llevaba a su casa, la miré un instante y me salió de dentro un «¿Los demás no se dan cuenta de que eres la mujer más bonita del mundo?». Se quedó callada unos segundos y se echó a reír.

Una vez me dijo que cuando era adolescente todas sus amigas tenían novio y, en cambio, nadie se fijaba en ella. En esa época, le daba miedo no encontrar a un hombre que la amara de verdad.

Es curioso que se planteara eso en la adolescencia.

Se pasaba los días encerrada en casa, leyendo, inventando historias en su cabeza y devorando musicales.

Ella se veía como un patito feo, porque no sabía que la verdadera belleza está en cómo uno se siente, no en cómo uno se ve.

Desde luego, ahora es un cisne hermoso.

La belleza está en el alma.

···• 37 •···

Si me amo y me acepto completamente, podré darle un amor puro a mi llama. Soy consciente de que cuando dependo de sus actos para sentirme bien, estoy creando una relación de dependencia.

Depender de nuestra llama nos roba la fuerza y el poder sobre nosotros mismos. Estamos buscando fuera lo que nos falta dentro. La persona que se siente completa no depende de nadie.

El verdadero amor, el amor que no exige, no genera dependencia ni temor a la pérdida.

Supongo que cuando no puedo darme amor, tampoco puedo dárselo a ella, pues es parte de mí.

Está claro que los dos cargamos bloqueos que debemos eliminar para poder seguir juntos en este viaje.

Dicen que para encontrar esos bloqueos basta con buscar el lugar de nuestro interior que necesita amor.

En mi caso, debo trabajar sobre todo la sensación de abandono. Siento el abandono con ella, porque hace de espejo y lo que refleja en realidad es mi propia falta de amor por mí mismo.

Cuando elijo amarme, también mi llama decide amarme. Sin el amor propio no hay amor incondicional por ninguna de las partes.

En cambio, si dependo de ella para sentirme bien, la energía de necesidad repele a cualquiera.

Se me olvida a menudo que el amor entre llamas gemelas es un amor divino.

Cuido mi alma si observo lo que pienso, lo que digo y lo que hago. Leí que un buen ejercicio de autoaceptación es intentar verme a través de los ojos de otros sin juicios, sólo con amor incondicional, mirando lo positivo de las decisiones que tomo o de las acciones que hago. Un cambio de conciencia ayuda a sanar y a aceptar los errores.

Cuando pongo el foco en lo negativo, sólo genero negatividad.

No puedo evitar que las aves del pensamiento negativo vuelen sobre mi cabeza, pero sí que puedo evitar que hagan nido en ella.

He pensado en hacer un diario con mis cosas buenas para mejorar la autoestima y empezar a crear una buena relación conmigo.

Si no me gusta donde estoy, puedo cambiarlo. Al fin y al cabo, soy responsable de mis actos y de mis pensamientos.

No existen malas decisiones, solamente lecciones que aprender.

Si quiero que me respeten, primero tengo que tratarme con respeto.

•••• 38 ••••

Como llevamos semanas esperando que el novio entregue los carteles y vídeos para empezar la publicidad en los medios de transporte y cada día falta menos para el estreno, ayer le di veinticuatro horas para que los envíe o buscaremos a otra persona que los haga.

En el ensayo les pedí a Alma y al director que hablaran con él.

Hoy, cuando acabó el plazo, le mandé un *e-mail* diciéndole que nuestra relación laboral terminaba en ese momento, le agradecí el trabajo realizado y le deseé suerte.

En el mensaje copié al director y a la prota, que cada vez es menos prota, porque la actriz famosa va aumentando su presencia en las escenas, con el beneplácito del director. Ahora también aparece en el escenario en los momentos en que no tiene diálogos haciendo ver que está recordando. No me gusta nada como queda. Un día lo añadió ella por su cuenta en un ensayo, el director no dijo nada y desde entonces lo hace siempre.

El ambiente con Alma y el director está fatal. Noto que estoy en un período de baja vibración. Los choques son constantes y el director me amenazó esta mañana con dimitir. Acepté su dimisión sin dudarlo. Se echó atrás al poco. Yo no.

En horas he echado al novio de Alma y al padre de éste.

Poco después, el productor ya tenía otro director con mucha experiencia en musicales.

¿Qué pasará ahora que ya no están ellos? ¿Alma seguirá?

Está claro que la etapa de la crisis me ha superado.

•••• 39 ••••

Con todos estos cambios, hoy empezamos a ensayar *on-line* con el nuevo director para esa la primera toma de contacto. Repasamos el texto y el director ya nos fue dando alguna indicación. Parece tener buen criterio.

La prota interpreta su papel en la habitación del novio. Sigue allí. A veces pasa él o escuchamos la voz del padre.

No debe de ser fácil para ella. Seguro de que así no aguantará mucho. Pero este final era previsible, como le dije en el restaurante cuando nos dibujé con rayitas que se rompían.

Como ella vive con ellos, ya apenas hablamos ni nos vemos. Se ha creado una distancia grande entre nosotros, cada vez mayor.

Las llamas gemelas resuelven casi siempre cualquier conflicto cuando expresan desde el corazón sus sentimientos y lo que les está haciendo daño. Si la comunicación entre ellas es fluida y constante, vencerán no sólo todos los obstáculos que invente el ego, sino también los traumas y karmas que ambos traen a este mundo; pero, si pierden la comunicación, se perderán ellos también.

Los sentimientos impuros en el corazón acaban creando una pared que no permite que el amor fluya.

Debo perdonar, comprender y aceptar para desbloquear el corazón.

Esta etapa nos está superando.

Alma me acaba de llamar. Dice que le han ofrecido un trabajo que no puede rechazar, porque las condiciones son muy buenas y es un trabajo que le interesa mucho. Trabajará con su novio y el padre de éste en la productora. Deja la obra.

Me saltan las lágrimas. Aun así, le digo que lo entiendo.

Le he pedido que tome un café conmigo mañana en la cafetería de siempre, antes del ensayo con todos, al que seguro que vendrá para despedirse de los demás actores.

Confío en convencerla.

No puede renunciar a su sueño de interpretar esta obra en grandes teatros con actores famosos sólo porque ya no estén su novio o el director.

No puede terminar aquí nuestro viaje de llamas gemelas.

No puede acabar con nuestra misión de este modo.

O quizá sí que puede.

Intento no dejarme llevar por el dolor que siento. Ahora entiendo lo que dicen de que se parte el corazón cuando te separas de tu llama.

No quiero sentirlo. Ni siquiera sabe que es mi llama gemela. Todavía hay esperanza. Aún puedo convencerla.

Llegué a la cafetería mucho antes de la hora. Hacía tiempo que no estaba tan nervioso. Los minutos se hicieron eternos.

A las nueve en punto le mandé un mensaje preguntando si se retrasaría. No contestó. La llamé por teléfono. No atendió.

Al poco me envió un mensaje que decía que no vendría a despedirse.

Si hubiera podido hablar más con ella en estas semanas, no habríamos llegado a esta situación.

Lo que más ha fallado es la comunicación entre nosotros. Suele pasar con las llamas. Una evita la comunicación, porque sabe que probablemente, aunque llegue con muchos argumentos, delante de la otra llama su corazón hablará más alto.

Aprendí a llorar cuando cumplí treinta años. Antes no lloraba nunca; no sé por qué. En la cafetería sentí unas ganas de llorar tremendas, pero me contuve.

Cuando llegué al ensayo se encontraban allí los actores. Me preguntaron por Alma y cuando les dije que no vendría, que dejaba la obra, no pude contener todas las lágrimas acumuladas desde la infancia, durante la adolescencia y parte de mi etapa adulta. Lloré sin rubor, pues no son las lágrimas las que debilitan al hombre, sino el miedo a dejarlas caer.

Se acabó.

···· 42 ····

Así como la conexión entre las llamas gemelas sólo la entiende quien la ha vivido, supongo que sólo otra llama puede imaginar el dolor que sienten cuando se separan.

Creo que nuestra alma vive en el corazón, al menos la mía, y debe de ser su llanto ahora lo que me quita el aliento mientras sus súplicas reverberan sin cesar esperando que las oiga su llama, rogándole que no huya, que no ceda a todas las presiones y escuche lo que le dice su alma.

Es verdad que algo se rompe en el corazón y también es cierto que sí que duele; pero el dolor no se limita al corazón, las lágrimas del alma se extienden por todo el cuerpo espesando la sangre, que se arrastra vencida, con la única esperanza de que su otra mitad reaccione, no se doblegue ante los prejuicios, sea consciente de las trampas y supere sus propios temores.

El tormento del alma agarrota el estómago para convertirlo en piedra y despojarlo de vida, como hacía Medusa. Sus serpientes reptan por el cuerpo resquebrajando los huesos, aflojando las piernas, nublando los sentidos, dañando la esperanza.

Tengo un amigo que dice que soy muy dramático. Ahora, al intentar describir lo que siento, me doy cuenta de que tiene razón.

¿Qué va a pasar con nuestra misión? ¿Cómo voy a continuar solo?

La huida

Las llamas gemelas llegan a esta etapa tras reflejar las partes más oscuras del otro e intentar encajar la relación con su llama dentro de los modelos que se esperan en nuestra sociedad.

No tenían más opciones, o inventaban un nuevo tipo de relación lejos de las tradicionales, y apostaban por esta unión sagrada desafiando a todo el mundo, o rechazaban a su llama.

Una o ambas acabaron optando por lo más fácil, pero también lo más doloroso: no escuchar a su corazón.

El ego fue el vencedor. Empleó todos sus recursos para que desistieran de la relación, porque la conciencia única de las llamas gemelas podía empequeñecerlo y quitarle su poder.

En esta fase, una de las llamas decide huir. Solemos pensar que está huyendo de nosotros, pero, en realidad, a menudo la llama huye de sí misma, porque le falta amor propio e inconscientemente no se siente merecedora de ese amor divino. Por eso, amarse incondicionalmente es el primer paso para poder estar con nuestra llama gemela.

Por otro lado, cuando nos damos cuenta de que el ego manipuló nuestros pensamientos, podemos dejar que nos guíe el corazón. Sólo entonces habrá alguna posibilidad de llegar a la unión total con nuestra llama.

En el viaje de las llamas gemelas, la etapa de la huida también es conocida como La purga kármica.

Es el momento de purgar el karma, tanto el individual como el que existe entre ambos. Todo lo que debe sanar tiene que subir a la superficie para liberarse. Es por eso también por lo que las llamas tienen esa necesidad de confesarse con el otro y no esconderle absolutamente nada.

En esta fase, uno de ellos se convierte en el perseguidor y el otro en el escapista.

Una de las llamas es consciente de que la otra es el amor de su vida e intenta convencerla. Cuanto más lo intenta, más se aleja la otra.

Los dos sufren, pero la escapista bloquea sus emociones para no verlas y porque la intensidad la abruma.

En este momento, el alma se siente rechazada, abandonada, lo que provoca un dolor insoportable e incita a renunciar a la comunicación con su llama.

Puede que intenten recuperar la armonía del principio, pero no funcionará, porque una de las partes evitará enfrentarse a su ego.

Mientras tanto, la otra no quiere perder la oportunidad de su vida y seguirá intentando convencer a su llama. Probablemente acabará juzgándola por no querer ver lo evidente; pero no vale le pena juzgar, ya que cada llama tiene que recorrer su propio camino. No hay atajos.

La escapista acabará rechazando a su llama y probablemente bloqueará todas las formas de comunicación, mientras la otra sufrirá mucho el dolor de la separación y de la pérdida.

En esta fase es necesario todo nuestro amor incondicional para aceptar la decisión de nuestra llama gemela.

El propósito es promover un crecimiento espiritual para curar nuestra alma.

Esta etapa puede durar años, aunque muchas llamas gemelas terminan aquí su viaje.

El espejo les mostró lo que tienen que trabajar cuando se separen. Así estarán preparadas para la siguiente etapa.

Si consiguen ver lo peor de sí mismas y superarlo, el universo encontrará la forma de volverlos a juntar para que sigan el tortuoso e inigualable viaje de las llamas gemelas.

La protagonista

•••• **43** ••••

Creo que Alma sintió que yo la abandonaba en el último mes, por mis actos, en los que no supe estar a la altura ni con ella, ni con su novio, ni con el padre de éste.

La vi sufrir en los ensayos y no conseguí darle la seguridad que necesitaba. Se estremecía como el árbol joven con el viento, dando bandazos entre los empujes de ellos y los míos, sin saber que con cada tormenta sus raíces se harán más fuertes. Debí darle la fuerza de mi amor, en lugar de dudar de ella y tensar cada vez más la cuerda.

Yo también sentí abandono cuando ella se distanció y renunció a la obra y a nuestra relación.

He intentado quedar más veces, pero no quiere. Está claro que soy el perseguidor y ella la escapista.

Supongo que como las llamas gemelas comparten el trauma del abandono, de esta vida y de las anteriores, eso acaba dificultando la relación cuando no son conscientes.

Dicen que, con frecuencia, debido a ese trauma, una de ellas tiene una actitud de rencor o despecho hacia la otra, sin motivo aparente, un resentimiento que le nace de dentro, como una intuición, y sorprende a ambos cuando no saben nada de las llamas gemelas.

Me siento vacío sin ella. Todo pierde sentido, la obra, la misión, todo. Aunque soy consciente de que ni el sufrimiento ni la felicidad pueden depender de nadie que no sea de mí mismo.

···• **44** •···

La llamé, pero no contestó. Tampoco por WhatsApp. Está claro que no quiere hablar conmigo y me está rechazando.

Puede que todavía me rechace porque yo mismo continúo rechazándome. Debería mirarme en el maldito espejo y encarar su reflejo.

Si aprendo a encarar el reflejo, desaparecerán los miedos.

Una amiga me dijo hace poco: «Mírate en el espejo. ¿Se te ha olvidado quién eres? ¿No te ves?». Supongo que ella tiene mejor concepto de mí que yo mismo. Me encantaría poder mirarme con sus ojos.

Creo que he hecho la última tontería esta mañana. Cuando estamos desesperados no pensamos antes de hacer las cosas.

Como Alma no quería quedar conmigo, le dije que tenía que firmarme los papeles para poder dejar la obra sin que la penalicemos.

Se presentó con su padre para que no intentara convencerla, supongo que no se sentía muy segura de su decisión y no quería echarse atrás. O puede que quisiera rebajar la posible tensión. O que él se lo pidiera. No sé.

Llevé lo que he escrito en esta especie de diario. Le pedí que se lo leyera mientras daba una vuelta. No quiso.

Hice caso omiso y le dije a su padre que tenía que hablar con él, que camináramos un poco. Me siguió sin decir nada.

Le pregunté si recordaba lo que le conté de la pelirroja. Me contestó que sí. Le dije que la pelirroja es su hija. Debe de pensar que estoy loco.

Cuando volvimos, vi, por la cara de ella, que sí que le había dado tiempo de leer lo suficiente. No supo qué decir. Ni yo. Ni su padre. Me despedí.

Soy consciente de que es probable que no la vuelva a ver, pero al menos ahora sabe que ella es la pelirroja de la que le hablé tantas veces y que somos llamas gemelas.

Supongo que ahora entenderá muchas cosas.

Ya no tengo que ocultarle nada más. Eso me da bastante alivio.

Nico dice que ha sido un gran error.

¿Qué pasará ahora? ¿Nos volveremos a ver?

Seguramente ella pensará que no es verdad que nos amamos en otra vida, que nacimos para tener una segunda oportunidad siglos después y la misión de transmitir este amor.

La verdad es que yo tampoco me lo creería. Pero estoy seguro de que en el fondo algo encajará en su interior, como me pasó a mí cuando lo supe, y también reconocerá que siempre ha sentido que le faltaba algo importante.

Es posible que en algún momento se pregunte: ¿y si fuera verdad?

Aunque se convenza de que las llamas gemelas no existen, que tampoco hay otras vidas y niegue todo lo que ha vivido, siempre le quedará la duda de ¿y si fuera verdad?

¿Entonces recordará lo que me dijo de que ella quería que la amaran por su alma y no por su cuerpo? Incluso, puso en enero en las redes sociales: «Seduce mi mente y tendrás mi cuerpo. Encuentra mi alma y seré tuya para siempre».

Encontré tu alma, ¿y ahora? ¿Serás mía para siempre? ¿Dejaremos de amarnos por la diferencia de edad? ¿El amor tiene edad? ¿Cuántos años tiene nuestra alma? ¿Y si un día leyendo sobre las llamas gemelas te das cuenta de que realmente lo éramos? ¿Y si hemos nacido para estar juntos y cumplir una misión que ayude a los demás?

Creo que las personas realmente felices son las que consiguen dar sentido a sus vidas dedicando parte de su tiempo a un bien común.

¿Se te ocurre algo mejor que dé más sentido a tu vida?

La vidente del tarot

El productor se ha dado cuenta de lo que significa para mí que no esté Alma. Es de las pocas personas a las que le he hablado de lo difícil que se me hace continuar con la obra sin ella y de mi esperanza de que recapacite y vuelva pronto.

Al dejar la obra, ella es consciente de que también está renunciando a cumplir su sueño de actuar en grandes teatros, al menos conmigo.

Para mi sorpresa, el productor me aconsejó visitar a una lectora de tarot que conocía. Me mandó un vídeo de la chica dando una entrevista y me pareció interesante.

En otras circunstancias supongo que no habría hecho ningún caso a lo que viera una tarotista que no conozco de nada sobre mi llama gemela; pero cuando estamos desesperados nos agarramos a cualquier cosa que nos pueda confortar.

Por supuesto, la sesión fue sobre lo que me estaba pasando. No le hablé de Nico y lo primero que le pregunté fue si Alma y yo éramos llamas gemelas, confiando que ella supiera de qué le hablaba.

«No hay ninguna duda de que sois llamas gemelas. Podéis estar juntos dando amor al resto. Ese amor puede curar a los demás. Pero… hay más gente, ése es el problema».

¿Cómo? ¿Qué gente?

«Ella a menudo es consciente de que eres su recompensa, que debe estar contigo, pero siempre consulta con más gente y la respuesta es que no. Se rodea de personas que le dan una opinión que no coincide con lo que ella siente, por eso tiene sentimientos encontrados entre su mente y el corazón, porque en el fondo sabe que eres su recompensa».

¿Volveremos a estar juntos pronto?

«La separación va a durar. Es una decisión firme. Ella lleva la batuta en vuestra relación. Sabe que es ella quien decide. Puede que el distanciamiento se alargue más de la cuenta».

Le pregunté si podía hacer la obra sin ella.

«Veo mucho éxito profesional. La rueda de la fortuna. Sin ti ella no consigue nada importante. Y a ti sin ella te va a costar mucho más. Juntos sí, grandes cosas, mucho éxito… Ella estará contigo tarde o temprano. Pueden pasar años. Muchos. Vendrá. Hagas lo que hagas. Se dará cuenta. Le facilitas el camino con amor, con calma… Hay una mujer que se interpone».

Quise saber qué podía hacer para volver a estar con ella y le hablé de cómo había sido nuestra relación y de las cosas negativas que ella me decía en las últimas semanas que nos vimos.

«No hagas caso de lo que te diga. Ella es muy dramática y dice cosas que no siente. Tú actitud siempre tiene que ser de confianza y amor. No puedes hacer nada para que vuelva. Tiene que salir de ella. Tu amor no debe ser protector. Sois dos personas caminando juntas. Cuando te pasas de protector, vas por detrás de ella. Tiene que ser libre y tener la necesidad energética de estar contigo por lo que siente. Mejor que actúes siempre desde el amor. Si tienes una necesidad enfermiza de estar con ella, la relación es tóxica. Mantener ese amor no es fácil. Siempre vas a tener la sensación de que te arrastras. No debes permitir que te falte al respeto. Tratarla con amor significa decirle con amor que te ha hecho daño, si te lo hace».

Me habló espontáneamente de la relación con el novio.

«El macho alfa no la deja brillar. Él está para enseñarle que no necesita eso, que ella se vale por sí sola. Hay mentiras en las dos partes, entre ellos se mienten. La madre de él piensa que ella le corta caminos. La diferencia de tipo de relación te favorece. Le enseña que el amor eres tú. Él no tiene ese amor incondicional. La engaña. Uf», la vidente pareció espantarse por lo que vio en la siguiente carta y calló unos segundos. Yo no entiendo nada del tarot.

¿Qué pasa?

«El mundo de ella se va a romper, totalmente. Va a sufrir mucho».

La noche oscura del alma

Esta etapa de profunda desolación, máximo sufrimiento y vacío se considera, sin embargo, una etapa de crecimiento interior de las llamas gemelas.

La carmelita Elizabeth Ruth Obbard la describe como el proceso espiritual donde la semilla de la vida está enterrada en el suelo del sufrimiento.

Cuando llegamos a esta fase, los sentimientos de tristeza, soledad y desesperanza parecen haberse apoderado de nosotros. Tenemos la sensación de que nos hemos roto por dentro como nunca. Y en parte es así.

No se trata sólo de una pérdida, una crisis o un trauma, como los que vivimos todos en algún momento de nuestra vida. Es algo mucho más profundo, un viaje iniciático y solitario, es una inmersión total en las tinieblas de nuestro ego para encontrar nuestra esencia.

En este momento, el alma se vacía totalmente para poder purificarse.

Esta sensación de pérdida y vacío nos provoca una sobrecarga emocional tan grande que nos colapsa por completo, tanto que hasta nuestro ego pierde el control, pues hemos sobrepasado el límite del sufrimiento y nuestra supervivencia está en peligro.

En esos momentos de dolor extremo que nos supera por completo podemos tener brotes de iluminación; pues, en ocasiones, nosotros también necesitamos mucha oscuridad para poder brillar, como les ocurre a las estrellas.

Es entonces cuando conseguimos ver mejor nuestros patrones de comportamiento que nos han limitado y comprendemos los errores que hemos cometido en las distintas etapas con nuestra llama. Todo lo vemos claro. Alcanzamos un momento de lucidez que nos brinda la oportunidad de crecer y transformarnos.

No podemos cambiar lo ocurrido, pero sí que depende de nosotros cómo nos comportamos ante esa adversidad.

En realidad, no importa tanto lo que nos pasa, sino cómo vivimos lo que nos pasa.

Llegado este momento, nos cuestionaremos si queremos seguir sufriendo y comportándonos como víctimas o vamos a cambiar nuestra actitud.

También podremos ver dónde aprendimos ese comportamiento y recordar que el amanecer siempre sigue a la noche más oscura.

El propósito de esta etapa es recuperar la conexión con nuestra esencia y preparar el alma para una unión más pura.

La protagonista

•••• **45** ••••

La sesión con la vidente del tarot fue sorprendente. Enseguida confirmó que Alma y yo somos llamas gemelas y vio, por las cartas o por su capacidad de adivinación, muchas cosas que realmente ocurrieron.

Me sorprendió lo que me dijo del novio, pero mucho más lo que me dijo de mí, porque algunos comportamientos míos me los mostró sin tapujos desde un punto de vista que no me había planteado. Y también me impresionó lo que dijo sobre nuestro posible futuro. Tengo que agradecérselo al productor.

Cuando terminó la sesión, la vidente me habló de una terapeuta que hacía una terapia de desprogramación mental que me podría ir bien y me pasó su número.

La llamé por teléfono y estuvimos hablando bastante. Cuando le resumí lo que me había dicho la vidente, me propuso otra cosa distinta de la que me sugirió la cartomántica: una sesión especial para que la resistencia de Alma desaparezca por completo.

Me dijo que, por una cantidad algo elevada, podía conseguir que Alma eliminara todas sus barreras, aceptara que soy su llama y se entregara por completo a nuestro amor.

Sólo tenía que ir a su consulta con una fotografía de Alma y ella se encargaba del resto. Ya lo había hecho más veces y le había funcionado.

Tardé unos segundos en contestar. Cuando me preguntó si seguía ahí, le dije que la volvería a llamar para decirle algo.

La suma era algo elevada para un buen abrigo, razonable para una guitarra profesional y ridícula para volver con Alma, amarnos y cumplir nuestra misión.

Aun así, no llamé a esa mujer ni atendí su llamada unos días después.

Aunque realmente consiguiera meterse en la mente de Alma, como decía que podría hacer, y que mi llama gemela cambiara de actitud y apostara ciegamente por nuestra relación, no podía aceptarlo sin su consentimiento, manipulándola de ese modo.

Si lo hubiera hecho, no habría sido una muestra de amor, y menos incondicional, sino de egoísmo. No sería capaz de manipular su voluntad para que haga lo que deseo. Sería como drogarla.

Algunos dicen que el fin justifica los medios. Nunca había encontrado un ejemplo mejor de que no es así.

Es cierto que, después de la llamada, llegué a imaginarme viviendo con ella, felices los dos, actuando en los teatros, viajando por el mundo, tocando y cantando, transmitiendo nuestro amor a miles de personas, cumpliendo nuestra misión.

No hay nada que desee más, nada que pueda hacerme más feliz. Pero jamás lo haré así. No haría nada para quitar la libertad de alguien, y todavía menos de ella.

Todos tenemos que ser libres de decidir lo que queremos en nuestra vida. Cuando alguien decide por nosotros, dejamos de ser libres.

Alma tomó su decisión. Puedo patalear, sufrir o aceptarla. Nada más.

Creo que realmente tenemos una misión sagrada. Si es así, se dará en el momento adecuado. Cuando los dos estemos preparados. O no se dará.

La aceptación

Tengo ganas de enviarle un mensaje explicándole lo que dijo la vidente, la propuesta de la otra mujer y lo que siento en este momento, para ver qué responde; pero creo que será peor si le voy detrás.

Ella decidió irse. Tiene que ser ella la que decida volver, si es lo que quiere. Lo mejor que puedo hacer es confiar en que todo forma parte de un plan divino.

Soy consciente de que he tomado decisiones equivocadas en este viaje con mi llama; pero, en lugar de quejarme, debo asumir mi responsabilidad y aprender las lecciones que las distintas etapas me han aportado.

Las llamas gemelas consiguen llegar juntas a la etapa de aceptación, llamada también de rendición o entrega, cuando han limpiado suficiente karma y ambas son conscientes de que se necesitan para poder avanzar en el proceso de cada una.

En el viaje de las llamas gemelas, la llama que persigue podrá llegar a esta etapa sola si acepta que ambas están en procesos diferentes y deja de insistir en recuperar la relación con su llama, ya que cada uno es responsable de sus decisiones y no podemos cambiar las de los demás.

Si el perseguidor decide soltar y confiar en que esta unión divina se dará en el mejor momento para ambos, cuando los dos estén preparados, derrotará completamente a su ego, que habrá perdido el control.

Al confiar en que ocurrirá lo que sea mejor para ambos, el perseguidor entra en una nueva fase espiritual y puede superar el posible trauma del abandono y avanzar en el camino del crecimiento.

Las expectativas casi siempre nos generan frustración. Si nos obsesionamos con el resultado que deseamos, le estamos quitando importancia al viaje con nuestra llama y puede que estemos impidiendo que nuestro destino se desarrolle como debería.

En este estadio, la llama continúa ocupando el mismo lugar en nuestro corazón, sin espacio para el rencor, la rabia o la falta de aceptación de lo ocurrido.

Todas las fases en el viaje de las llamas gemelas habrán facilitado nuestra evolución.

El propósito de esta etapa es superar el ego, desarrollar una comunicación espiritual continua y confiar en que lo que ocurra es lo mejor para los dos. Lo que tenga que ser será en el momento adecuado.

Puede que las llamas pierdan todo contacto. Si es así, ambas sentirán ese vacío. No obstante, si, en lugar de centrarnos en el dolor, aprendemos a aceptar la decisión de nuestra llama y a confiar en que se trata de una unión sagrada y no podemos interferir en el momento en que deba ocurrir, habremos dado un gran paso.

Dicen que, si dejamos que las cosas ocurran sin resistirnos o interponernos, el destino se desarrolla con mayor facilidad.

Un dicho oriental lo explica con una metáfora: «El río no lucha por llegar al mar; simplemente fluye. Así también debe actuar el sabio, fluyendo con la vida sin resistencia».

Cuando soltamos la necesidad de controlar, nuestras dificultades comienzan a desaparecer.

En cambio, cuando ponemos el foco en la escasez, en la carencia o en el dolor, lo que hacemos es alimentarlos y creamos más de lo mismo.

Mi energía va donde dirijo mi atención y lo que reciba mi energía, sea positivo o negativo, crecerá.

Parece ser que la persona que se enfoca en su llama gemela es a la que le cuesta soltar y ser paciente. En mi caso realmente es así. Por eso, intento desarrollar ambas cosas.

He leído que en esta fase podemos ser un ejemplo de amor incondicional y empezar a existir en amor y a compartir amor. De este modo, atraeremos a las personas correctas y el camino hacia nuestra misión se acelerará.

Cuando soltemos a nuestra llama y todo lo que nos bloqueaba, nuestra llama gemela probablemente contactará de nuevo con nosotros.

Si entonces volvemos al comportamiento de antes y renunciamos a nuestro poder, cuando la llama gemela sienta que la energía va dirigida otra vez directamente hacia ella, inconscientemente querrá alejarse y volverá a desaparecer.

Los obstáculos son nuestros maestros. En cada uno hay una lección. Cuanto antes reconozcamos la lección, antes la superaremos.

Cuando estamos ante un obstáculo, a veces es mejor preguntarse ¿para qué aparece esto en mi vida?, en lugar de ¿por qué aparece esto en mi vida? La respuesta nos ayuda a ver la lección.

Nada aparece en la vida para hacerme caer. Todos los obstáculos son un medio de avanzar; pues la vida es como una larga escalera donde cada peldaño es una experiencia.

En lugar de desesperarnos, deberíamos agradecer estas lecciones que nos ayudan a cambiar nuestra forma de pensar. Con ellas aprendemos a aumentar el nivel de conciencia y a liberar los apegos energéticos negativos.

Practicando la paciencia, reconocemos las enseñanzas. Dicen que cuando el estudiante está listo, el maestro aparece.

Cuando logramos soltar y creer que hay un poder mayor que nosotros, sentimos alivio, pues desaparece la necesidad de controlar. Puede que haya un plan divino y un tiempo divino.

No tiene sentido intentar «arreglar» a nuestra llama gemela. Si lo intentamos, bajaremos nuestra vibración y alargaremos el proceso.

Al fin y al cabo, dicen que el tiempo que necesite una llama para superar las distintas fases también depende de la otra.

Tengo que practicar la paciencia. Escuchar más y hablar menos. Sentarme en silencio para sentir mi alma y apaciguar mi mente.

La paciencia me ayuda a respirar mejor y me conduce a la paz interior.

Según un dicho, la paciencia con los demás es respeto. La paciencia con uno mismo es sabiduría.

Soltar da paz.

La protagonista

El productor consiguió para el papel de la prota a una actriz famosa que sale a menudo en televisión.

Como tiene muchos compromisos y para no quedarnos colgados otra vez en el último momento, elegimos también una sustituta. Bueno, al final la elegí yo. Dicen que se parece a Alma. No me había dado cuenta.

Me cuesta mucho actuar sin mi prota. Me duele interpretar esos diálogos mirando otro rostro. Los ensayos se me hacen insoportables. No voy a seguir. Dejo la obra.

El nuevo director tiene mucha experiencia como actor y hoy interpretó mi papel en el primer ensayo sin mí, mientras el productor busca un actor que pueda hacer mi papel.

El director musical me acaba de pedir que vuelva. Dice que la interpretación del otro no resulta creíble y que no va a dar tiempo de encontrar a alguien de mis características. Es un gran amigo y fue el primero en percibir lo que significaba que Alma no estuviera. Le he dicho que no quiero volver, pero mañana volveré.

Esta tarde estuve con Nico. Le pregunté si realmente hay alguna posibilidad de que acabemos actuando juntos Alma y yo en la ciudad de los musicales como visualizamos varias veces juntando los corazones.

Ahora sólo tenemos contrato de tres meses en un teatro de nuestra ciudad y ella ya no está ni parece que tenga ninguna intención de volver.

La terapeuta me pidió que me tumbara en la camilla y me dijo que íbamos a viajar al futuro. Eso sí que estoy seguro de que no es posible; pero, aun así, le hice caso.

Tras unos ejercicios de relajación, me llevó a imaginar que tenía alas y salía de mi cuerpo. Me vi realmente volando hasta un teatro de techos muy altos. Un gran teatro que no había visto nunca.

Me pidió que describiera qué había en el escenario. Y lo que veía era a la prota y a mí saludando. El público aplaudía entusiasmado. El teatro estaba lleno y los dos éramos los últimos en saludar, después de los músicos y de los otros actores. No estaban los dos famosos y la obra tenía mucho éxito.

Sin duda, todo es fruto de mi imaginación y no estoy aceptando la realidad.

Nuestra mente a veces inventa finales diferentes para sobrevivir, para que el dolor no lo invada todo.

····• 47 •····

Cantar la canción «Alma» mirando a otra actriz me deprime muchísimo. Dios, ¡cómo la echo de menos!

Un médico me dijo una vez que el corazón no duele. Será el suyo. El mío sí que duele.

Aunque he leído que cuando el chacra del corazón está bloqueado energéticamente provoca una sensación de dolor y opresión. Puede ser eso también.

Estos bloqueos emocionales no dejan que el amor y la compasión fluyan.

Me resulta fácil sentir compasión por otras personas. En cambio, de mí mismo casi nunca me compadezco. Suena hasta mal. Pero ¿por qué parece algo bueno compadecerse de los demás y no de uno mismo si la compasión es siempre una muestra de amor?

Supongo que compadecerse de sí mismo se identifica con el victimismo, pero no tiene nada que ver. La compasión implica ternura, aceptación, amor. El victimismo implica queja, dolor.

Cuando el chacra del corazón está abierto, sentimos la vibración de amor en su interior.

Hay quien cree que dentro de nosotros habitan dioses, budas, seres divinos, y somos capaces de realizar milagros.

La energía del universo también está en nosotros y, si entramos en comunión con ella, podemos sentir la belleza de todo lo que nos rodea. Y también de todos.

Una vez, tras dos horas de meditación, salí a la calle de siempre y me quedé admirando la belleza del árbol que había en la esquina de casa. Estuve admirando sus colores, su forma, su vida. La misma calle por la que pasé cientos de veces sin reparar en nada especial me pareció de repente espectacular.

Entré en comunión con todo lo que había a mi alrededor. Sería increíble que eso nos pasara siempre y que también nos ocurriera con las personas, que pudiéramos maravillarnos por la belleza de todos los seres vivos, su energía, su valor, en el sentido de su valía y en el de su valentía.

Para mí, todo en la vida es energía y la del amor es la más poderosa que existe. Y ahora sé que empieza por el amor a nosotros mismos.

A muchos hombres nos entra el amor por los ojos y le damos demasiada importancia a la belleza física.

En cambio, muchas mujeres le dan más importancia a lo que oyen, a lo que les dice la persona que aman.

Lo que más echo de menos de Alma no es su belleza o lo que decía, es cómo me sentía con ella.

Es muy importante cómo es la persona que te va a acompañar en tu vida; pero, para mí, es todavía más importante cómo te sientes con ella.

Con el tiempo, solo recordamos los momentos intensos, los que hemos estado totalmente conectados con el presente, con lo que estábamos viviendo, y eso, por desgracia, sólo suele ocurrir en los momentos muy malos y en los muy buenos. Ésos son los únicos que permanecen en nosotros. Los demás se evaporan como si no los hubiéramos vivido, como si no valiera la pena recordarlos. Casi todos los momentos con nuestra llama gemela quedarán en la memoria, porque los vivimos con intensidad.

Después de todo, puede que sí que sea amor incondicional lo que siento por ella, porque creo que siempre voy a sentir lo mismo. Tengo la sensación de que no importa tanto lo que ella diga ni lo que haga. En realidad, mi sentimiento sólo depende de mí.

Y si me hizo daño de alguna manera, perdonar también es una forma de amar, de no centrarme en el problema, sino en la solución. Todos cometemos errores.

La experiencia con mi llama gemela ha sido muy dolorosa; pero, sin duda, es lo mejor que me ha pasado en toda mi vida.

Muchas personas dicen que el amor es como una cárcel y que somos cautivos de nuestros sentimientos. Para mí, en cambio, amar es nuestro mayor tesoro, una decisión de libertad y de valentía, porque asumimos el riesgo de sufrir. Hay que tener valor para amar.

El amor es la energía primera y la última.

Ya hace tiempo que no sé nada de ella, pero siento que está en peligro.

En un momento de conexión con mi alma, le pedí que la protegiera. No sé si eso es posible.

Desde que conozco a Alma, tengo la sensación de estar conectado con ella, de sentir lo que ella siente, y he sentido su dolor estos días, un dolor profundo. La llamé, pero no atendió la llamada.

Hace mucho que siento que tengo que protegerla, pero no sé de qué. Se lo dije un par de veces.

Esta noche he soñado que ella me pedía ayuda. Estaba en una casa grande con mucha más gente, sobre todo hombres, con un aspecto inquietante.

Había también una carga sexual insana. Todos bebían un licor oscuro, podía ser whisky o ron puro. Uno de ellos quería ponerle algo a Alma en la bebida.

Después, ella estaba completamente drogada y me rogaba que la sacara de allí.

Apenas conseguía hablar. Yo me desesperaba porque no sabía dónde estaba la casa ni cómo llegar hasta ella. Creí entender algo de una gasolinera, pero yo no sabía de qué me hablaba. Luego, la vi sentada en el suelo en mitad de la noche, sin un alma cerca, al lado de una gasolinera.

Al despertar, sentí que no era sólo un sueño, que realmente corre peligro y que necesita mi ayuda.

Por la mañana, la llamé varias veces, pero sigue sin contestarme.

Quizá sea sólo un sueño sin sentido, un temor lógico y no deba preocuparme, pero me pregunto si hay algo de real y forma parte de la comunicación telepática entre llamas.

Me desespera no poder hacer nada y que no atienda mis llamadas.

¿Será de eso de lo que tenía que protegerla? ¿O me estoy montando películas absurdas en mi cabeza por una simple pesadilla?

•••• **49** ••••

Ha pasado un tiempo desde ese mal sueño. Se separó del novio, quitó sus fotos de las redes y ya no trabaja con él. No quiso explicarme qué pasó cuando conseguí hablar con ella.

Le expliqué mi sueño y me preguntó qué día fue cuando lo soñé. Se lo dije y ella me contestó que podía coincidir con una noche que también sintió que estaba en peligro de que le pusieran algo en la bebida, pero que no pasó nada, que tuvo el cuidado de no soltar su copa.

No la creí, pero tampoco insistí. Puede que fuera verdad y que yo percibiera el peligro, pero que no se concretara, porque ella también lo sintió y consiguió evitarlo. Ella también tiene mucha intuición. O puede que no quisiera hablar de ello. De cualquier manera, he aprendido que tengo que respectar los tiempos de los demás.

Le propuse hacer la obra anterior cuando terminemos la que estamos haciendo, pero esta vez con una orquesta de treinta y cuatro músicos.

El director de la orquesta vio la obra en una de las ciudades en que la representamos hace dos años y ya entonces me propuso adaptarla para instrumentos de viento.

En aquel momento incluso quedé con él y vino la prota. Nos encantó su entusiasmo, pero luego el hombre tenía muchos compromisos y no conseguimos concretar nada.

Hace unas semanas nos vimos y me propuso que hiciéramos juntos la adaptación para su orquesta. Me pareció una idea estupenda. Será un proceso largo. Puede tomarnos más de un año crear nuevas canciones, hacer los arreglos y adaptar el guion, pero vale la pena.

Le propuse a Alma que nos viéramos con el director, para explicarle todo en persona. Nos encontramos en una plaza cerca de la casa de ella. Me impresionó mucho verla después de estos meses.

Ella llegó antes que él. Le hablé de la obra que estamos haciendo, en la que nos dejó de golpe, y le dije que finalmente conseguimos un gran teatro en la ciudad de los musicales y estrenaremos allí en poco tiempo. De momento, nos han garantizado un par de meses, como mínimo. También le comenté que hemos vuelto a cambiar de director y éste nuevo tiene mucho prestigio nacional e internacional. Aproveché para decirle que me encantaría que volviera a ser la prota y pudiera cumplir su sueño de actuar en esa ciudad y en un teatro como ése, como visualizamos tantas veces.

Me dijo que no, que sólo quería hacer la anterior, porque ésta ha tenido demasiados daños colaterales. Tiene razón. Y reconocí mi responsabilidad y las malas decisiones que tomé.

A pesar de que me alegré mucho de verla y fue genial estar de nuevo con ella, la vi tan desmejorada, tan delgada, demacrada, rota, que cuando llegué a casa me tomé una botella de vino entera de golpe para dejar de sentir su dolor, aunque no sirvió de nada, fue peor. El dolor sana con el tiempo, no con alcohol.

Ahora sé de qué tenía que protegerla. No era sólo de una o de varias personas, era de algo mayor.

Desde muy joven, cuando descubrió los musicales, decidió que su mundo sería como esas obras llenas de color, belleza, magia y emoción. Lo hizo para sacar de su mente de niña todo lo sórdido. Se refugió en esa magia del espectáculo durante parte de su infancia, toda su adolescencia y quiso seguir haciendo lo mismo de adulta.

Alma vivía esas obras como si estuviera dentro de ellas, como si fuera la protagonista y todos los demás personajes a la vez. Había hecho que su vida girara alrededor de ese universo musical y en ese mundo se sentía segura. Sin embargo, no estuvo a salvo. Su mundo mágico lo invadió la sordidez humana, la mezquindad y la estupidez de los demás.

Nuestra inmundicia cubrió de oscuridad lo que era luz y color. Entre todos contaminamos el maravilloso mundo que había creado desde niña.

De eso tenía que protegerla. Y no lo conseguí.

···· • 50 • ····

He leído que podemos enviar una vibración de amor y sanación a nuestra llama gemela para aliviar sus heridas; y es lo que he hecho. Espero que funcione.

Quedé con Alma para presentarle al nuevo director de la obra.

Lo conocí cuando yo salía de la adolescencia y él ya era profesor. Hicimos un viaje juntos de ochocientos kilómetros en su auto, conduciendo durante toda la noche. No paramos de hablar en todo el trayecto. Después, pasé unos días en su casa.

Es una de las personas que más me influyó en mi pasión por los libros y por la cultura en general.

Cuando lo conocí era un sibarita sin dinero; pues vivir bien no es un lujo, es un arte. Realmente es un homenaje a la vida.

Vestía lo que había a su alrededor de elegancia con cosas sencillas pero bellas.

Él me enseñó a apreciar la música clásica con un disco de Albinoni, a buscar la belleza donde otros no la ven, a conocer a escritores de los que no había oído hablar y a saborear el arte.

Después, cada uno siguió su vida y nos distanciaron miles de kilómetros.

Con el tiempo, se convirtió en un director de teatro muy conocido y, después de muchos años sin vernos, lo contacté para preguntarle si quería dirigirnos.

Fue curioso hablar con él de nuevo como si no hubieran pasado tantos años desde la última vez. El reencuentro fue entrañable. Dio la casualidad, por decir algo, de que estábamos en el mismo país, en la misma ciudad, y en ese momento él no tenía nada que dirigir, así que aceptó de inmediato.

Cuando llegó Alma al encuentro con el director, hablamos sobre el personaje que ella tenía en la obra antes de que la dejara y le pedí que cantara una de las canciones del musical.

Delante de él, la invité una vez más a unirse al equipo para marchar en unas semanas a la ciudad de los musicales y volver a hacer su papel de protagonista.

Y aceptó.

···· **51** ····

Llegamos a la ciudad hace unos días.

Cuando entramos en el teatro, comprobé que era como el que vi con la terapeuta en esa especie de viaje al futuro, aunque todos los teatros se parecen.

El primer ensayo con el nuevo director fue fantástico. Él nos dirige con respeto y maestría. Disfrutamos todos como nunca con la obra y celebramos contar de nuevo con la prota del principio. Soy muy feliz.

Esta semana tenemos un concierto en un auditorio municipal y otro en una gran sala emblemática de la ciudad para anunciar el estreno.

Estamos yendo a todas las radios y a la televisión para promocionar la obra.

Vemos los carteles del musical en las calles, en todos los medios de transporte. Salimos en los diarios, en televisión, en prensa, estamos por todas partes.

Como la obra cuenta una historia de amor entre una pareja que se lleva muchos años, en una entrevista en una emisora de radio la presentadora nos preguntó si entre los actores era verdad que se daban más relaciones de ese tipo. Por suerte reaccioné rápido y le pasé la pregunta a Alma. Sufrió un poquito al principio, reconoció que sí, pero lo resolvió bien explicando que había cosas mucho más importantes que la edad en una pareja.

Ayer nos grabaron una entrevista para la página web de los musicales de Broadway. ¡Estaba tan contenta!

Por fin vamos a poder cumplir el sueño de hacer esta obra en la ciudad de los musicales. Podremos llegar a miles de personas.

La prota me acaba de mandar una foto junto a un cartel grande que anuncia la obra en la plaza más turística de la ciudad. ¡Está tan feliz!

Hoy es su cumple. Paramos el ensayo dentro del teatro cuando un amigo mío entró con un gran pastel y varias botellas de champán. En ese momento, saqué los globos que había escondido e indicaban su edad. Hicimos muchas fotos de ella con los globos, con todos los de la compañía comiendo el pastel, brindando, deseándole felicidades. Colocó en sus redes algunas de las fotos. Fue un gran momento. Celebrar su cumpleaños en un gran teatro de la ciudad de los musicales fue para ella algo muy especial que probablemente recordará durante toda su vida.

Ya no están los dos famosos, los protagonistas somos nosotros y los últimos en saludar al público al final de la obra, como vi en el viaje al futuro que hice con Nico.

Es maravilloso estar aquí a punto de cumplir nuestro sueño y nuestra misión. Parece que lo que visualizamos cuando juntábamos nuestros corazones se va a cumplir. Está feliz y yo todavía más.

No obstante, al igual que las nubes pasan y no podemos pararlas, los acontecimientos siguen su curso sin que podamos evitarlo.

Un día, luce el Sol y, luego, hay un momento en el que el cielo se nubla de nuevo. Y no podemos hacer nada.

A la salida del ensayo en el teatro, el exnovio la estaba esperando.

Alma se volvió a liar con él. Me dice que no pudo resistirlo. Él se está quedando en un hotel.

Ha sido un golpe duro. No lo esperaba. Sin duda tengo que aprender una lección. Cuanto antes la identifique, antes podré avanzar en este complicado viaje de las llamas gemelas.

Alma tiene una mezcla de sentimientos. Supongo que él la presiona para que deje la obra y vuelvan a su ciudad.

Anoche soñé que su novio era buena persona, y sorprendió. Quizá no haya buenos o malos, solo circunstancias.

Esta mañana a la prota le dolía mucho la garganta y casi no conseguía hablar en el ensayo, ni mucho menos cantar. Es curioso cómo el cuerpo habla cuando nosotros callamos.

Cada día está peor físicamente. Parece muy débil.

Faltan cuatro días para la primera función. El director cree que enfermará antes del estreno. Realmente lo parece.

No tenemos sustituta.

La relación de las llamas gemelas es en realidad un camino personal, una experiencia de crecimiento individual en la que tienen que superar las distintas etapas para poder estar juntos.

Cuando dos llamas gemelas se encuentran, sienten demasiadas emociones nuevas y maravillosas y no consiguen administrarlas. La llama te muestra tu parte de luz y tú ves la de ella. Es algo mágico, una conexión sagrada.

No obstante, como hay mucha luz, la oscuridad intenta entrar.

Aparecen, entonces, los miedos, los patrones familiares, los traumas del pasado y las inseguridades.

Dicen que la inseguridad es el eco de una autoestima maltratada.

En ese momento, la tendencia de las llamas es huir, porque lo desconocido siempre asusta.

A veces huyen los dos, pero normalmente suele haber una llama que huye y otra que la persigue.

La fase de crisis suele durar mucho, porque el ego utiliza el miedo y todas las tretas a su alcance para buscar pretextos que nos alejen de nuestra llama.

En esta etapa se quedan muchas de las llamas gemelas. Les influye mucho su entorno, las barreras sociales, los comentarios de los demás, que no ven con buenos ojos lo que no entienden y lo intentan simplificar comparándolo con las limitadas experiencias que han tenido.

Por eso, acaban empujándolos a dejar de ver a su llama gemela.

Las buenas compañías nos elevan y empoderan. Las malas nos estancan y distraen de lo esencial.

Cuando el que persigue siente que su llama se aleja, todavía tiene más necesidad de intentar convencerla. Y cuanto más lo intenta, más huye la otra.

Al mismo tiempo, cuanto más huye la escapista, más se aferra energéticamente al perseguidor.

Es como si los dos sostuvieran una cuerda en cada extremo. Cuando uno tira hacia el lado opuesto, atrae al otro.

Esa cuerda nunca se romperá, aunque lo intenten. Cuando la energía de las dos llamas ya se ha unido, nada ni nadie podrá cortar el vínculo entre ellas. El magnetismo es tan grande que siempre las atraerá.

Normalmente, el perseguidor suele estar más preparado para esta relación y para cumplir la misión. Pero, cuando no tiene a nadie que lo vaya guiando, no consigue entender lo que está viviendo y finalmente se cansa de ir siempre detrás de su llama.

Con frecuencia, el perseguidor suele culpar a la escapista del daño que provoca, de no querer ver lo obvio y acaba desistiendo.

Para conseguir entender esta relación, primero tenemos que aceptar lo que estamos viviendo y entender ese desborde emocional, el caos, el miedo, los sentimientos contradictorios, porque no coinciden con lo que se considera normal dentro de la sociedad, de la familia o de nuestra propia mente; pues muchas generaciones han puesto tantos límites al amor que han acabado realmente limitándolo.

La mente es el gran enemigo. El ego encontrará muchos argumentos y hará dudar hasta al más despierto.

La conciencia, que no juzga lo bueno o lo malo, simplemente lo ve, es nuestra salvación, porque puede decidir hacer caso al corazón, al alma.

En ese momento, damos cada paso sabiendo que estamos creando nuestro destino.

La conciencia es la clave. Si permitimos esa conexión con nuestra alma, estaremos salvados. Si no, entonces se romperá esa magnífica unión entre llamas gemelas y también nos romperemos nosotros mismos.

El gran propósito de las llamas gemelas, la gran misión, es que todos los humanos puedan vivir el mismo amor incondicional que ellas sienten.

Las llamas que superen esta etapa se consagrarán a su misión.

Entonces, la conexión entre ellos será absoluta. Conectarán con mayor facilidad con todo y con todos. Aparecerán las personas adecuadas en sus vidas y los recursos necesarios.

Si llegan a esta fase, se encontrarán en la etapa de iluminación o armonización.

Las dos habrán superado el ego y aceptado el proceso y el tiempo de su compañera de viaje.

Ambos estarán envueltos en una nube de amor incondicional y la energía divina inundará sus cuerpos. Ya no necesitarán el amor romántico. Irradiarán amor divino.

Sólo llegan a esta última etapa de las llamas cuando consiguen superar todas las anteriores.

Ambos alcanzan la madurez emocional, mental y espiritual. Entonces, todo será más fácil.

Gracias al amor divino que emanarán juntos podrán cumplir su misión y sanar los corazones de cientos o miles de personas.

La vibración que emitan las llamas gemelas que lleguen a esta etapa será tan alta que elevará la conciencia de muchas personas.

···· **55** ····

Alma tenía que elegir. Por suerte, eligió la obra, la misión y a su llama gemela.

El estreno fue un éxito. Salieron escenas del musical en casi todos los medios de comunicación.

Hacer las funciones con ella es maravilloso. Está sensacional como actriz.

Es increíble ver cómo el público se emociona y llora a veces sonriendo.

Desde el escenario, mientras actuamos vemos cómo les caen las lágrimas, emocionados.

Cuando termina la función, aplauden durante muchos minutos, como nunca nos han aplaudido antes.

Salen contentos. Han hecho todo un viaje emocional.

Siempre hay alguien que nos espera a la salida para felicitarnos.

Una amiga me comentó que fue con un director de teatro a ver la obra y les encantó. Ella lloró mucho, pero su amigo lloró todavía más. Y eso que la obra es alegre y termina bien.

Realmente está llegando al corazón. Para que el público llore en un espectáculo debe meterse tanto en la historia que consiga olvidar que somos actores y que está en un teatro viendo una ficción.

Aunque quizá lo que les conmueve es la verdad que hay en cada escena y que en muchos momentos decimos frases que sentimos, porque en la obra hay mucho de nosotros.

En una de mis escenas favoritas, estamos cantando los dos una canción que compuso el director musical y yo escribí la letra. Es la única vez que hablamos con una canción. Aunque no me gusta que los personajes hablen cantando, esta escena es preciosa, dice muchas cosas de nosotros realmente. Cuando la escuchó Alma por primera vez le encantó. Nos vamos acercando mientras cantamos, cada vez más, y más, hasta que terminamos con un beso en el que permanecemos durante unos segundos con los labios juntos mientras el público aplaude entusiasmado.

Dicen que la llama gemela es nuestra compañera de aventuras. No se me ocurre mejor definición. Desde luego, ésta es una de las mayores aventuras de mi vida y de la de ella. Fuimos dando forma juntos a este proyecto y vemos cómo se va haciendo realidad. ¡Menuda aventura el viaje de las llamas!

Una mujer me dijo a la salida del teatro que había decidido cambiar su vida por completo después de ver la obra. Se había dado cuenta de que rechazó su pasión artística por miedo de no poder vivir del arte y también renunció a la relación con el hombre que amaba, por miedo a que no funcionara, que era lo que todos le decían. Escuchó su miedo y el de los demás y no hizo caso a su corazón.

El miedo al rechazo es la principal razón por la que muchas personas no siguen sus sueños.

Por desgracia, el miedo está más presente en nuestras vidas que el amor. Mucho más. Las principales decisiones las tomamos por miedo. Miedo a no conseguir algo o alguien, a perderlo, a no llegar, a no ser suficiente, etc., y, con el tiempo, el miedo puede realmente matar nuestro corazón.

Franklin D. Roosevelt ya dijo que a lo único que debemos temer es al miedo.

Las críticas son muy buenas. Ya estamos llegando a miles de personas.

Este mes aparecemos como el segundo mejor musical de la ciudad de los musicales. Somos candidatos a los premios Broadway de mejor actriz y mejor actor.

Si tuviera que venir mil veces más a este mundo, sé que siempre vendría con la misión de amar a esta mujer de la misma manera.

El amor es lo único que hace eterno lo pasajero. Es lo más poderoso que tenemos.

Por fin, estamos cumpliendo nuestra misión. Y esto sólo acaba de empezar.

•••• **8** ••••

Los padres de Brigith le pusieron el nombre de la diosa celta del fuego, porque su pelo era tan rojo cuando nació que parecía una llama sobre su cabeza.

La abuela, en cambio, insistía en que fue ella quien le dio el nombre de Brigith cuando vaticinó, nada más verla, que estaba conectada con el universo y poseía los mismos dones que la diosa más querida del pueblo gaélico.

Pocas veces la anciana había entrado en ese éxtasis místico. Sin embargo, en todas las ocasiones anteriores se cumplió lo que la mujer predijo.

Por eso, a nadie sorprendieron las dotes adivinatorias de la muchacha y la facultad que desarrolló a lo largo de los años de sanar a los heridos con ungüentos misteriosos; aunque no tenían ningún misterio para la abuela, ya que ella misma se los enseñó.

Los progenitores de Brigith provenían de las tierras del norte, pero ninguno de ellos tenía el cabello pelirrojo, el rostro lechoso o los ojos turquesa de la muchacha. Desde temprana edad, Brigith era la viva encarnación de la guardiana de las llamas perpetuas sagradas, como era conocida en la tradición gaélica la diosa que sanaba las heridas y predecía el futuro.

Los militares de Saint-Malô requerían a menudo los servicios de la joven para curar las múltiples heridas que ellos mismos se infligían en los entusiastas entrenamientos. Ávidos de acción, los combates simulados se habían convertido en el único aliciente en el fuerte, pues hacía ya tiempo que no se enfrentaban a nadie, desde que acudieron a la llamada del rey, cuando los protestantes calvinistas estuvieron a punto de secuestrarlo.

Brigith conoció a Joseph al curarlo de un espadazo que se le estaba infectando en el brazo.

Aunque le confiaban el cuidado de sus heridas, normalmente los militares miraban con recelo, si no temor, a la joven, que había abandonado su país por los mismos prejuicios de sus coterráneos. Ante el riesgo de que la acusaran de brujería, sus padres creyeron que en Francia les iría mejor. Sin embargo, en todos los lugares la gente teme lo que no comprende y la muchacha tenía el color de las brujas en el cabello y unos dones que no pasaban desapercibidos, lo que todavía aumentaba más la desconfianza de los lugareños.

Apenas nadie de la guarnición la miraba a los ojos, ni siquiera los heridos que curaba, que solían bajar la mirada o centrarla en determinadas partes de su cuerpo. Hablaban lo justo con ella. Excepto Joseph, que le contó casi toda su vida mientras le curaba el brazo y no dejaron de verse ni un solo día en los diez meses que transcurrieron hasta esa fatídica mañana.

Brigith tardó sólo unos minutos en descubrir que su amado había embarcado a Brasil desde que leyó la absurda nota en la que le decía que no la amaba. Pretender engañarla de ese modo fue una ingenuidad. Una mujer sabe perfectamente cuando un hombre la ama.

Al instante adivinó la intención de Joseph y corrió al fuerte.

El capitán de la tropa no tuvo más remedio que asentir cuando le preguntó si su amado acababa de embarcar en la flota que iba a atravesar el océano. La curandera le pidió permiso para partir en la próxima fragata; pero no hizo falta negárselo, porque no había previsión de que zarpara otra embarcación hacia esas tierras.

Brigith empezó en ese momento su desesperada búsqueda para llegar al otro lado del Atlántico.

•••• 9 ••••

Saint-Malô era un puerto marítimo importante y una ciudad comercial activa. A menudo llegaban muchas mercancías de tierras de altamar que se distribuían después por toda Europa.

Brigith pensó que no tardaría en encontrar una embarcación que partiera a Brasil desde cualquier puerto de Francia. Averiguó que, en El Havre, el famoso corsario Guillermo el Testarudo estaba preparando un buque de guerra de ochenta toneladas para atravesar una vez más el océano. Su fama le acompañaba, más que por corsario o por testarudo, por ser el singular cartógrafo que había entregado al rey su atlas de los «continentes imaginarios», compuesto por cincuenta y seis mapas con todo lujo de detalles de una región supuestamente desconocida. Era todo un misterio cómo lo consiguió.

En 1551, el Testarudo también fue el primero en cartografiar la bahía de Guanabara y la desembocadura de San Sebastián de Río de Janeiro.

Brigith esperaba que zarpara con el mismo destino y creyó que la suerte le sonreía cuando descubrió que el contramaestre del Testarudo residía a las afueras de la ciudad.

Lo encontró sentado en el umbral de su casa absorto en unos mapas.

—Buenas tardes –saludó la joven.

El suboficial levantó la vista de los planos y la miró de arriba abajo con curiosidad, sin decir nada.

—Tengo entendido que van a emprender un largo viaje pronto –dijo Brigith–. ¿Van a tierras de Brasil?

—No –respondió el contramaestre secamente, y volvió a escudriñar las hojas.

—¿No? –Brigith fue consciente de que su don no le estaba sirviendo de nada–. Tengo que ir al Nuevo Mundo. ¿Creéis que el capitán me aceptaría a bordo?

—Es un viaje de hombres. No podéis venir con nosotros. La ley no permite que viajéis sola.

Por aquel entonces, las mujeres no podían viajar o moverse libremente por el país, a no ser que fueran acompañadas de un hombre, ya fuera el padre, el esposo o un pariente.

—Quizá mis padres me acompañen. Pero no os preocupéis por mí, estoy acostumbrada a tratar con hombres, y sobre todo con militares. Puedo pagar el viaje y ayudaros con los enfermos, como hago en el fuerte.

El responsable de las maniobras en el barco volvió a mirarla.

—Ya lo sé. Este lugar es pequeño. Vuestra reputación la conocemos todos. Pero una mujer quebraría la disciplina y sería objeto de disputas entre la tripulación. Es peligroso para todos, sobre todo para vos. Además, vamos lejos de Brasil.

—Seguro que menos de lo que estamos aquí.

—¿Dónde queréis ir exactamente?

—A San Sebastián de Río de Janeiro.

—Nosotros tocaremos tierra a tantas millas de allí como las que hay zarpando de Saint-Malô. Tardaréis mucho menos si tomáis un barco que vaya directamente.

—¿Sabéis de alguno que vaya a partir pronto con ese destino?

—No. Si os urge, tenéis que ir a Lisboa. Desde allí salen muchas embarcaciones. Creedme, si partís desde cualquier otro puerto, tardaréis mucho más en llegar. Aquí llega una vez al mes un galeón mercante que comercia con Portugal. Arribará en algo más de una semana. De todos modos, no os aconsejo hacer ese viaje. En lugar de salir en busca de vuestro hombre, mejor que lo esperéis aquí.

—¿Cómo sabéis que busco a un hombre?

—No se me ocurre otro motivo para arriesgar vuestra vida con tanta determinación.

•••• 10 ••••

Brigith sentó a sus padres a la mesa, les confesó sus intenciones de viajar hasta Lisboa y después a Brasil y los alentó a ir con ella para empezar una nueva vida en otro lugar en el que su origen no fuera un problema.

En su mente sonaba mejor que cuando se escuchó. Se opusieron rotundamente; pero ella llevaba tiempo dándole vueltas a la idea de que había llegado el momento de abandonar el país. Ahora tenía una buena razón para hacerlo, aunque primero debía convencer a sus padres.

—Vamos todos a Portugal. La situación aquí está cada vez más difícil. Católicos y protestantes están enzarzados en una guerra que no acaba nunca y ambos nos miran con recelo.

Los católicos piensan que estamos al servicio de los calvinistas. Y nuestros paisanos creen que hemos renegado de nuestra fe. Si tienen la oportunidad, nos matarán unos u otros. Empecemos de nuevo en otro lugar con menos enemigos.

—Aquí nos han acogido bien, hija –argumentó su padre.

—Cada día tienes menos clientes en la barbería. Sólo van los extranjeros. Nunca nos han mirado con tanto odio como ahora. Si no salimos pronto de aquí, nos acusarán de cualquier cosa que ocurra. En el fuerte, apenas nadie habla conmigo.

—Ya nos hemos adaptado –intervino la madre de la joven–. Llevamos seis años aquí. Seguro que Joseph volverá pronto.

—No volverá –aseguró Brigith.

Sus progenitores escudriñaron la mirada de la joven para ver si era uno de sus vaticinios. Sin embargo, Brigith estaba empezando a dudar de sus dones, porque la desesperación ocupaba todas sus emociones o porque siempre resulta más fácil ver cualquier cosa en los demás que en nosotros mismos. Así que recurrió a lo que era más importante para ellos.

—Decidisteis partir de nuestra tierra para protegerme, por miedo a que me hicieran algo. ¿Y si vuestro temor se cumple aquí?

Era consciente de que estaba utilizando el argumento que más les haría dudar. Permanecieron en silencio durante unos segundos, hasta que el padre preguntó con voz queda.

—¿Es lo que sientes que va a ocurrir o lo dices sólo por Joseph, para salir en su búsqueda?

—Hace semanas que lo siento –mintió, pues no había visto que le ocurriría algo a ella, pero intuía que pronto podrían estar en peligro y que tenían que salir de allí cuanto antes.

—Partiremos a Portugal, entonces. ¿Cuánto tiempo tenemos?

—Algo más de una semana.

En unos días llegaría el galeón mercante con los productos más codiciados en Europa. Ocupaban buena parte de la embarcación el azúcar, para endulzar y crear licores, y el palo Brasil, muy valorado por producir un tinte rojo intenso para teñir telas y cueros con los que se distinguían los que pretendían demostrar su riqueza. También cargaban grandes sacas de café, aunque ya se consumía en el mundo árabe desde hacía tiempo, y de tabaco, que había llegado a Francia hacía pocos años y se le atribuían propiedades medicinales que la corte francesa estaba utilizando para tratar determinadas patologías.

Las despensas de las familias pudientes empezaron a llenarse de productos nuevos, como el cacao, la pimienta, la vainilla, el maíz, la yuca y las frutas tropicales.

No obstante, el oro era el bien más codiciado, el que provocaba los mayores derramamientos de sangre y por el que se pagaban auténticas fortunas.

Después del oro, que convirtió a España en el país más rico del mundo, lo más ansiado de ultramar era la plata. Las piedras preciosas que llegaban de Brasil también eran objeto de deseo de los más adinerados.

La tripulación del galeón bajaría todas las mercancías y, tras dos jornadas de descanso, emprendería el rumbo de regreso a Lisboa. Por lo que tenían entre diez y doce días para preparar el viaje.

La semana transcurrió en el trajín de vender los enseres. Poco a poco fueron desprendiéndose de las camas, las mesas y demás utensilios, que entregarían la víspera de subir a bordo.

El ayudante de la barbería, Alphonse, pagó por el local con todos sus muebles y herramientas las cinco libras parisinas que le pidió su jefe, el equivalente a cien sueldos o mil doscientos dineros.

Fergus sabía que su ayudante podía cortar el cabello o la barba de los clientes sin ninguna dificultad, pero no estaba preparado para efectuar sangrías ni para sacar muelas dañadas, tareas propias de los barberos, ya que los médicos y cirujanos se dedicaban a dolencias más importantes y consideraban indigno de su categoría realizar sangrías o resolver los problemas de la boca.

Ambroise Paré, conocido mucho después como «el padre de la cirugía», empezó como aprendiz de cirujano barbero pocos años antes a setenta leguas de donde se encontraban.

El padre de Brigith dedicó los días que le quedaban en la ciudad a enseñarle el oficio a Alphonse, mientras su mujer y su hija vendían todo lo que no podían transportar.

El galeón llegó al puerto de la ciudad el 8 de junio, uno de los mejores meses para la travesía.

Fergus negoció el pasaje hasta Lisboa para los tres a un precio muy razonable, porque la nave volvía casi vacía.

En la ida iban cargados hasta los topes, pero en la vuelta, además de la tripulación, eran escasos los viajeros que embarcaban hacia el reino de Portugal.

Llevaba 20 marineros, de los 120 que solían cruzar el Atlántico, y sólo 2 oficiales, el maestre y el capitán.

El maestre de campo, el oficial superior, el clérigo, la mayor parte de la marinería y el cirujano permanecieron en la capital lusa.

Aceptaron como pasajeros a dos funcionarios y a un comerciante en busca de fortuna, además de a los tres miembros de la familia.

El maestre los condujo a su aposento. Fue una decepción. El interior era un rectángulo con un catre pequeño empotrado en el que deberían apretujarse madre e hija y una caja para guardar los efectos personales, que también hacía de mesa y silla. Fergus tendría que dormir en el suelo.

No había nada para la higiene. Lo que parecía que era un bacín para el agua potable, en realidad era para hacer aguas menores y mayores, que después tirarían al mar. Al menos podrían hacer sus necesidades con algo de intimidad, ya que la tripulación no tenía esa suerte.

El agua se racionaba y sólo se utilizaba para beber. Si querían lavarse durante la travesía, deberían utilizar el agua del mar, que también se empleaba para lavar la cubierta y los enseres.

El camarote estaba situado entre el palo mayor y la popa, bajo la tolda, zona de descanso del capitán, el maestre, el piloto y los pasajeros distinguidos. La proa era la zona en la que se amontonaba la marinería.

Zarparon el 10 de junio y el viaje fue realmente plácido, a pesar de las incomodidades. Pasaron todo el tiempo hablando y planeando cómo se ganarían la vida en Brasil. Aunque Brigith ya había decidido que partiría sola a esas tierras y que ellos permanecerían en Lisboa, donde podrían tener noticias de Saint-Malô con frecuencia. Esperó unos días para comunicarles que no la acompañarían.

—No te vamos a dejar sola –sentenció Fergus.

—El viaje es muy peligroso para una mujer –argumentó Ingrid, la madre de Brigith.

—Os necesito en Lisboa, por si llegan noticias de Joseph. No correré riesgos. Me quedaré en San Sebastián de Río de Janeiro. No saldré en su búsqueda si no está ahí. Os lo prometo. Sólo preguntaré en la colonia francesa si alguien lo ha visto. Si no encuentro a nadie que sepa darme noticias de él, volveré. No nos lleva tanta ventaja. Puede que lo encuentre nada más llegar.

—Pues iremos y volveremos juntos. No puedes viajar sin un hombre, ya lo sabes.

—Me vestiré de hombre.

—Brigith, mírate al espejo. No hay una parte de tu cuerpo que pueda pasar por masculina. No pienso dejarte sola en ese viaje. Tu madre se quedará en Lisboa, en el barrio de nuestros paisanos, buscando a algún pariente o conocido que nos ayude a instalarnos en la ciudad. Yo te acompañaré. He hablado con el maestre. Este barco estará en el puerto de Lisboa cargando las mercancías durante una semana. Después, se unirá a una flota y zarpará a Brasil. Voy a negociar el precio para los dos.

—Está bien –aceptó Brigith.

···• 12 •···

Al poco tiempo de llegar a la capital de Portugal, encontraron una habitación en la Rua dos Remédios, en el barrio de Alfama, cerca de la capilla de Nossa Senhora dos Remédios, donde sabían que se encontraba una vecindad de compatriotas.

El pueblo gaélico era de emigrantes. Estaban en casi todas partes del mundo y siempre se ayudaban entre ellos.

Lisboa era una ciudad en ebullición. Todo giraba alrededor del nuevo gran país, Brasil. Esas tierras no parecían tener fin. Seguían conquistando regiones que superaban toda la península ibérica y todavía no alcanzaban a imaginar hasta dónde llegaban sus límites.

En la ciudad portuguesa se agolpaban las naves que preparaban la travesía. Llevaban al otro lado del Atlántico productos que los europeos echaban de menos, por los que pagaban hasta veinte veces su valor.

Pronto Brigith comprobó que su padre tenía razón y en Portugal las mujeres tampoco podían viajar sin la compañía de un hombre. No se les permitía participar en la política, acceder a la educación, heredar bienes, trabajar fuera del hogar, salvo en el servicio doméstico, ni tomar decisiones sobre su propia vida, como elegir con quién casarse.

Las naves de las flotas de la Carrera de la India partían de Lisboa en primavera o al inicio del verano, para aprovechar los vientos alisios. Las organizaba la Corona portuguesa para el comercio con las colonias. Zarpaban con telas de todas clases, herramientas para la construcción o para las plantaciones de azúcar, otros bienes de consumo, armas y, sobre todo, esclavos capturados en África.

Después de tomar tierra en Brasil, seguían su recorrido comercial hacia el este por el océano Índico.

La travesía era realmente peligrosa. Se enfrentaban a toda clase de enfermedades, a la piratería, a los naufragios y las mujeres, además, a las agresiones sexuales.

El 9 de julio partirían a San Sebastián de Río de Janeiro en el mismo galeón.

Llegaron en el momento perfecto para aprovechar los alisios. Si hubieran tardado unas semanas más, habrían tenido que esperar muchos meses y probablemente habrían comprobado que Brigith tenía razón y su intuición era cierta, porque apenas unas semanas después, la noche del 23 de agosto de 1572, ese maldito año bisiesto, empezó en Francia la matanza de San Bartolomé. Un asesinato en masa de hugonotes, cristianos protestantes de doctrina calvinista. Después de todo, puede que Brigith no hubiera perdido sus dones.

···• 13 •···

Fergus y su hija pensaron que habían subido a otro barco, de tan diferente que era con toda la tripulación y las mercancías apelotonadas en la cubierta, hasta que llegaron al minúsculo camarote que deberían volver a compartir, esta vez durante más de dos meses.

Salieron por el estuario del río Tajo, en dirección oeste, y luego navegaron hacia el sur, siguiendo la costa, hasta poner rumbo hacia el sur del ecuador para cruzar el Atlántico.

Transcurrieron los días con cierta normalidad. Al perder la costa de vista, cuando anochecía y las tareas de a bordo habían terminado, el clérigo les leía el único libro que tenían en la embarcación: *Auto de la barca del infierno*, una obra de teatro de Gil Vicente que el capitán conocía muy bien y que creyó apropiada para entretener a la tripulación.

Como casi ningún marinero sabía leer, todos escuchaban esas historias narradas con absoluto deleite. La obra se desarrollaba en un puerto imaginario, donde se encontraban dos barcas, la barca del infierno, cuya tripulación estaba formada por el diablo y su compañero, y la barca de la gloria, en la que se distinguía un ángel en la proa. Las almas de los fallecidos debían elegir a cuál subir.

El pobre clérigo no gozaba de buena vista y la luz del candil no le ayudaba mucho, por lo que la lectura no fluía y la marinería se impacientaba.

Brigith no hablaba muy bien la lengua portuguesa, pero lo suficiente para leer aquella historia mucho mejor que el cura. Por eso, no dudó en ofrecerse a continuar donde el padre se había quedado encallado.

Si había alguien de la tripulación que todavía no se hubiera fijado en la joven pelirroja, a partir de entonces su voz y su cuerpo formaron parte de los comentarios de los marineros y de sus pensamientos.

Cuando entraba la noche todos se agolpaban alrededor de la muchacha para escucharla y verla mejor. Se hacía un silencio sepulcral, tan sólo salpicado por las olas que la voz de Brigith surcaba.

La joven fue narrando la aparición de los distintos personajes: un hidalgo, un usurero, un zapatero, un hombre de pocas luces, un fraile cortesano, una alcahueta, un judío prestamista, dos altos funcionarios de Justicia, un ahorcado y cuatro caballeros que murieron combatiendo por su fe.

Los personajes discutían con el diablo y el ángel para decidir en qué barca entrar. Al final, sólo los cuatro caballeros y el hombre de pocas luces eligieron la barca de la gloria, que se quedó en el puerto como si fuera una especie de purgatorio. Los demás, fueron derechos al infierno.

La obra de Gil Vicente tenía muchos toques de humor y era una sátira a la sociedad. Aunque puede que el asunto no fuera el más apropiado para la travesía.

Fergus se dio cuenta enseguida de que su hija tuvo una pésima idea al llamar tanto la atención. Habría sido mejor pasar algo desapercibida, si eso hubiera sido posible ante tantos hombres que ya se habían fijado en ella muchas veces. Sobre todo, las mañanas que se ponía en la proa, para sentir el viento en la cara, y los cabellos rojos se alzaban y su vestido se le apretaba al cuerpo. La marinería paraba sus quehaceres en silencio para contemplar boquiabiertos a esa mujer hermosa.

A medida que transcurrían las jornadas, los marineros le lanzaban comentarios cada vez más obscenos. Hasta que uno de ellos, una tarde que se cruzó con Brigith cuando ella iba a entrar en su camarote, se dejó llevar por el deseo y la empujó bruscamente hacia dentro, poco después de que Fergus hubiera salido a caminar por la cubierta.

El agresor tapó con fuerza la boca de la muchacha para que no pudiera gritar, la arrastró hasta ponerla frente a la pared y se pegó a su trasero. Con la otra mano empezó a subirle el vestido.

Brigith consiguió morderle uno de los dedos con todas sus fuerzas y soltar un grito que duró poco más de un segundo, pues el marinero le torció la cara y volvió a taparle la boca con más fuerza.

Fergus estaba cerca del camarote cuando escuchó el grito de su hija. Era un hombre fuerte, pero cuando la rabia y el instinto de protección se apoderan de nosotros, no hay fuerza que los iguale. Fue directo a la cabeza del hombre y la incrustó en la pared de madera. Las tablas y el cráneo del agresor crujieron al unísono. Fergus supo en ese momento que el daño en la cabeza del marinero sería irreversible. El hombre cayó de espaldas inconsciente.

El barbero arrastró el cuerpo inerte hasta el centro de la nave y fue a rematarlo delante de todos gritando que haría lo mismo con cualquier persona que se atreviera a tocar a su hija.

El capitán intervino enérgicamente y le recordó que él era la única autoridad en el barco y sólo él tenía derecho a castigar a uno de sus hombres.

Fergus dudó durante un instante, pero, ante la clara determinación del oficial, acabó soltando al marinero.

El agresor había recuperado algo la conciencia e hizo una mueca que intentaba ser una sonrisa, justo antes de que el capitán lo empujara por la borda.

Ése era el peor castigo. Su muerte sería lenta y dolorosa hasta que se ahogara. Esa noche no hubo más lectura. Ni las siguientes.

Seis semanas después, en las que padre e hija pasaron la mayor parte del tiempo encerrados en el camarote, entraron por la bahía de Guanabara y tomaron puerto en San Sebastián de Río de Janeiro.

···· 14 ····

Buscaron alojamiento donde se instalaron los primeros comerciantes franceses en 1555, cuando construyeron sus edificios bretones característicos y crearon la Francia Antártica. De eso hacía ya casi veinte años.

Ahora los portugueses dominaban la región por completo. En 1565, el portugués Estácio de Sá, con el apoyo de la capitanía de San Vicente y de los jesuitas, fundó la ciudad de San Sebastián de Río de Janeiro entre los cerros Pan de Azúcar y Cara de Perro.

Las luchas continuaron durante dos años más entre lusos y galos, que contaban con aliados nativos. Hasta que en 1567 los portugueses vencieron definitivamente en una batalla en la que tuvieron el apoyo de una tribu de indígenas movilizados por los jesuitas Anchieta y Nóbrega.

Un mes después, Estácio de Sá murió por una herida de flecha de los nativos que apoyaron a los franceses.

En lo que fuera la Francia Antártica todavía quedaban algunos comerciantes galos. No obstante, ninguno de ellos tenía noticias de que hubiera llegado alguna flota francesa.

Unos parisinos les dijeron que la última fortificación estaba en Cabo Frío, pero que había sido destruida por los portugueses. Quizá los militares de Saint-Malô se dirigieran allí. Estaba a unas cuarenta leguas.

Cabo Frío adoptó ese nombre porque sus aguas eran las más frías de la región y la arena de las playas tenía la extraña virtud de no calentarse. Allí encontraron a un antiguo soldado que había abandonado las armas para quedarse con una nativa. Él sí que conocía los planes de los militares galos. Les dijo que la flota nunca llegó a tomar tierra. La estaban esperando casi dos meses antes, pero creía que todos habían muerto y que la habían hundido a pocas millas de la costa.

Brigith sentía que Joseph seguía con vida, aunque dudaba de su intuición y ya no sabía dónde buscarlo. Decepcionados, volvieron a San Sebastián de Río de Janeiro a esperar la próxima embarcación de vuelta a Lisboa. Continuaron preguntando por la flota o por algún francés recién llegado, sin obtener ningún resultado.

Una semana después, zarpaba con destino a Portugal la misma nave con la que vinieron. Fergus fue a hablar con el capitán, pero éste no quiso negociar el valor. Brigith no volvería a subir a su barco jamás. No pensaba cometer el mismo error de matar a uno de sus hombres. Asumía su responsabilidad de haber aceptado a una mujer como ella en ese viaje, pero no volvería a hacerlo.

En un mes partiría otra embarcación. Se dirigió al maestre para negociar el precio. Sin embargo, éste ya conocía, como todos, lo que había ocurrido con su hija y no quiso llevarlo como pasajero, a no ser que viajara solo. Aun así, tendría que pagar bastante más que en la ida.

Fergus ya había gastado una parte de lo que ganó vendiendo sus cosas, pero todavía le quedaba para pagar el pasaje de los dos a Lisboa, además del dinero que le dejó a su mujer.

Mientras su padre intentaba convencer a todos los maestres y capitanes de las embarcaciones que fueran a Lisboa, Brigith encontró trabajo en el fuerte portugués.

El pueblo gaélico y el británico eran aliados de los portugueses y no los veían como enemigos. Además, la muchacha hablaba suficientes lenguas como para resultar de utilidad con los prisioneros, los comerciantes o las correspondencias.

Primero ayudaría en las tareas de limpieza y, cuando confiaran en ella, se ocuparía de los asuntos administrativos.

Brigith le pidió a su padre que volviera él solo mientras ella conseguía la confianza de los militares lusos para regresar en uno de sus barcos.

Fergus no quiso plantearse esa posibilidad y siguió buscando alguna embarcación que los aceptara. Pero al cabo de un mes, su hija lo convenció de que subiera al galeón que salía de vuelta a Portugal y no dejara más tiempo a su mujer sola. Le aseguró que pronto volvería a Lisboa.

Tres meses después, la joven ya se ocupaba de casi todas las tareas administrativas del fuerte.

Llegó la primera correspondencia de sus padres y mes a mes fueron llegando las siguientes. Habían conseguido instalarse sin grandes dificultades en Lisboa y abrir una barbería que pronto daría buenas ganancias.

Brigith, por su parte, siguió preguntando por Joseph y esperando que en cualquier momento apareciera. Sentía que estaba cerca y esperaba que un día se decidiera a salir de su escondrijo para ir a buscarla.

A los pocos meses ya había conseguido la confianza de un capitán que la habría acogido en su barco. Sin embargo, no tenía ninguna intención de salir de ahí. Nunca la tuvo.

Sabía que estaba cerca de su amor. No pensaba poner un mar de por medio otra vez. Si Joseph llegaba buscando una embarcación para volver a Francia, iría al vecindario de los franceses, donde ella vivía. Si los portugueses descubrían que era un soldado y lo capturaban, lo llevarían al fuerte donde ella trabajaba. Por eso se ofreció para trabajar allí. Era el mejor lugar para esperarlo.

Y ahí lo esperó.

Brigith tuvo muchos pretendientes, tanto del fuerte como del barrio francés, pero no se llegó a enamorar de ninguno. Joseph seguía ocupando parte de su alma.

Hasta entonces, se había aferrado a la posibilidad de volverlo a ver, de que apareciera en cualquier momento. Eso fue lo que le dio fuerzas.

Pasaron los años y continuó sintiendo que Joseph estaba vivo, cerca de ahí. Él mismo se lo dijo la primera vez que soñó con él.

Lo encontraba muchas noches cuando dormía. En los sueños volvían a estar juntos, charlaban durante horas sobre cuánto se amaban o recordaban cosas que habían vivido en Saint-Malô, hacían el amor y dormían abrazados.

Cada noche eran sueños diferentes. A veces, se encontraban en la playa, otras, en la selva, o en una montaña, y las con-versaciones, de vez en cuando, continuaban donde las habían dejado la noche anterior.

Por la mañana despertaba como si realmente hubieran pasado la noche juntos. Eran sueños que no se desvanecían al despertar, sino que su recuerdo perduraba durante horas.

Los días se le hacían cada vez más largos. Ansiaba que llegara la noche para encontrarlo y dormirse de nuevo en sus brazos.

Tuvo un par de aventuras con otros hombres, pero siempre acababa imaginando que era con él con quien estaba haciendo el amor. En el momento las disfrutaba, pero luego se sentía mal.

Los padres de Brigith murieron en Portugal y tuvieron una vida tranquila.

Ella fue envejeciendo. Sin embargo, en los sueños los dos continuaban siendo jóvenes, como el último día que se amaron en su casa de Francia.

Hubo momentos en los que se preguntó si realmente había valido la pena esperarlo tantos años para verlo sólo mientras dormía. Hasta que un día, mucho después, cuando ya era una anciana, sintió que su alma se partía por la mitad.

Supo en ese momento que su amor había fallecido. No tuvo ninguna duda. Un vacío doloroso llenó por completo su corazón.

No se había equivocado al sentir su presencia todo ese tiempo, al percibir su angustia, al verlo con tanta claridad cuando dormía.

Las siguientes noches Joseph no volvió a aparecer en sus sueños y supo que ya no lo encontraría.

No se arrepentía de haberlo esperado tanto tiempo. Al contrario, podía incluso decir que había sido feliz. Quizá porque llenó su vida de un propósito y se sintió plena.

Para ella, eso fue mucho mejor que casarse por comodidad con otro hombre que amara menos, o por no estar sola, o porque era mujer, como le decían.

No necesitaba a otro hombre para sentirse mejor o para que la mantuviera.

En realidad, como les decía siempre a sus amigos, no le fue fiel a él. Se fue fiel a sí misma. A sus sentimientos. A su corazón. A su alma.

•••• 17 ••••

Brigith sabía que volvería a encontrar a Joseph dentro de poco tiempo en otro mundo, pues ya no le quedaba mucho en éste.

Aunque no padecía ninguna enfermedad, era demasiado mayor y no le alcanzaban las fuerzas para casi nada.

Estaba completamente segura de que se encontrarían, de que volverían a estar juntos; pero ahora, tumbada en su cama en esa noche calurosa, se preguntaba si, después de pasar por tantos países con culturas tan diferentes, sus almas realmente irían al Tir na nÓg, la tierra de la juventud eterna de la que tanto hablaba su abuela, ese paraíso que habían heredado los gaélicos de los celtas.

Su abuela decía que en el Tir na nÓg las almas se reunían con sus seres queridos fallecidos para compartir festines, celebraciones y romances eternos.

Los banquetes eran abundantes y perpetuos, llenos de comida y bebida divina que servían las hadas. Las canciones de los *sidhe* eran irresistiblemente bellas, capaces de llevar al éxtasis a cualquiera que las escuchara.

Los *sidhe* eran seres mágicos de increíble belleza, gran altura, piel luminosa y ojos brillantes. Empleaban sus poderes en proteger los bosques y los ríos, o en alterar el tiempo y dar bendiciones. Para sus cantos, tocaban harpas y otros instrumentos que evocaban la magia y la perfección.

Allí nadie envejecía ni enfermaba. Era un lugar de armonía y paz, donde no había guerras ni sufrimientos. Eso es lo que siempre había oído desde niña y donde se suponía que iría cuando falleciera.

Sin embargo, en la escuela protestante calvinista a la que fue no mencionaban el Tir na nÓg o la tierra de la juventud eterna. Allí le decían que las almas ya estaban predestinadas desde antes de su nacimiento. Si era una de las elegidas de Dios, iría al cielo. Si no, pues sería condenada al infierno. No importaba mucho lo que hiciera en esta vida.

¿Encontraría a Joseph en el paraíso calvinista? ¿Y si uno de los dos no había sido elegido?

Aunque, pensándolo bien, él era católico. Para él, sí que importaban mucho sus actos en esta vida para ir al cielo y encontrar a sus seres queridos o acabar en el infierno. ¿La dejarían entrar a ella en el cielo católico?

Esas diferencias entre ambas religiones podrían ser cruciales para acabar en un sitio u otro, si es que hay diferentes paraísos y vamos al que nos corresponde según nuestra religión. O puede que sólo haya uno. O quizá nos reencarnamos. Y, si nos reencarnamos, ¿para qué?

De todos modos, Brigith pensaba que, si hacía cuentas, ambos habían pasado la mayor parte de su vida en Brasil. Así que lo más probable es que fueran al paraíso de los indígenas.

Siempre se interesó por el mundo de los nativos. Acostumbrada a que otras culturas la menospreciaran, ella no desarrolló esos prejuicios y nunca se sintió superior a alguien por su lugar de nacimiento, su credo o su piel. Por eso, nada más llegar a la ciudad, entabló la misma relación con los indígenas que con los portugueses o los franceses.

Para los tupinambás, cuando ellos fallecían, las almas se encontraban en la Tierra sin mal, un lugar fértil y abundante, donde los frutos crecían en cantidad ilimitada, los ríos estaban llenos de peces y no existían el hambre ni las enfermedades.

Se pasaban el día cantando, bailando y comiendo. Los cantos eran profundamente espirituales y los conectaban con los dioses y los espíritus.

En ese lugar, vivían en armonía con la naturaleza. Los paisajes eran exuberantes, con bosques frondosos y cielos siempre despejados.

La Tierra sin mal de los nativos y el Tir na nÓg eran realmente muy parecidos. Cualquiera de los dos ya le parecía bien. En ambos comerían y beberían en abundancia, se sentirían en armonía, en paz, bailarían mucho, el clima sería siempre agradable y los paisajes paradisíacos.

En ese momento, mientras cavilaba en su pequeña cama, Brigith no sabía que tendría que esperar varios siglos para conseguir cumplir su misión sagrada en este mundo con su llama gemela.

De hecho, ni siquiera imaginaba que tenía una misión con Joseph, y mucho menos sagrada, ni que volverían a encontrarse con otros cuerpos, y nunca, jamás, en toda su vida, había oído hablar de las llamas gemelas.

Sin embargo, ella fue la única que pasó por todas las etapas de las llamas sin perder su determinación. La única que las superó estando sola, lo que es mucho más difícil.

Reconoció el lugar que él ocupaba en su alma y no cedió en ningún momento ante los obstáculos, por muy grandes que fueran, cuando lo más fácil habría sido dudar, desistir o simplemente pensar que él no la amaba suficiente, como hubiera hecho cualquiera.

Se enfrentó a su miedo y apostó por el amor, por lo que le decía su corazón, aunque significara poner en riesgo su propia vida cruzando el Atlántico. Y lo hizo a pesar de todo lo que le dijo su cabeza y todo lo que le dijeron los demás.

No volvió a Portugal con sus padres, porque, para ella, habría sido una huida, pese a que ellos no dejaron de insistir y que a ojos de todo el mundo parecía lo único realmente sensato.

Pasó las noches más oscuras de su alma alumbrándose con la luz de su amor incondicional, rescatando sus recuerdos más preciados, valorándose y cada vez se sintió mucho más fuerte.

Se mantuvo firme e hizo todo lo que estuvo en su mano para estar con él. Luego, aceptó que no podía hacer más, que el resto dependía sólo de Joseph.

No cedió a la tentación de tener lo que llamaban una vida más fácil, a casarse para no estar sola, por comodidad o porque era lo que todo el mundo hacía.

No lo culpó de nada ni dejó de sentir el mismo amor por él, así como sintió que él también continuaba amándola. Quizá por eso, Brigith desprendía amor por donde pasaba.

Aunque nadie lo entendiera, fue feliz. Y lo fue, sobre todo, porque tuvo un propósito y porque no quiso engañarse.

Y eso que no sabía que muchos años después cumpliría su misión sagrada y se amaría con su llama gemela ante miles de espectadores.

www.losangtsugtor.com

Índice